EDAF
MADRID

ANTONIO BENITO MOZAS

EJERCICIOS DE SINTAXIS
TEORÍA Y PRÁCTICA

**Actividades de autoaprendizaje
y autoevaluación**

2ª edición

AUTOAPRENDIZAJE

Coordinador de la colección AUTOAPRENDIZAJE:
VÍCTOR DE LAMA

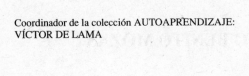

© 1994. ANTONIO BENITO MOZAS
© 1994. Editorial EDAF, S. A. Jorge Juan, 30. Madrid

Depósito Legal: M. 43.280-1995
I.S.B.N.: 84-7640-844-7

PRINTED IN SPAIN   IMPRESO EN ESPAÑA

IMPRIME: IBERICA GRAFIC, S. L. - FUENLABRADA (MADRID)

*A mis padres, Felisa (q.e.p.d.)
y Leonardo.*

ÍNDICE

PRÓLOGO

Aunque se trata de Sintaxis, hemos querido elaborar un libro de consulta y de ayuda para los estudiosos y aprendices de la lengua, que les facilite la tarea de aprendizaje, y que, a la vez, les sirva como instrumento de trabajo.

Sabemos que la Sintaxis es el "patito feo" en los estudios de Lingüística, y que es la disciplina que la mayor parte de los profesores quieren que la enseñen los demás, por las dificultades que su puesta en práctica conlleva. Estas dificultades, sin embargo, responden, muchas veces, más a razones extrínsecas, que a motivos propiamente sintácticos.

Así, por ejemplo, la atonía y desorientación que se dan frecuentemente en los ejercicios de Sintaxis entre los estudiosos —y, a veces, también entre los mismos profesores— responden más a razones de método, de teoría y de enfoques de aplicación didáctica, que a causas internas propias.

Es frecuente, incluso, que los alumnos dediquen una actidud de mayor compromiso e interés al estudio de la Sintaxis que al de otras disciplinas lingüísticas. Lo que falla es, quizá, la apariencia de dificultad y de complejidad que se les da a los estudios sintácticos. Ello viene motivado fundamentalmente por la proliferación de términos técnicos y de modelos de análisis para una misma forma de realización que se han ido introduciendo, y que han creado cierta confusión, caos y rechazo entre los estudiantes.

Probablemente, los alumnos habrán tenido que "sufrir" a cada uno de sus profesores, y habrán debido aplicar los particulares criterios de *determinación y de realización, según la escuela o tendencia lingüística que les transmitía en cada caso su maestro. Unos profesores les habrán hablado de artículos, otros, de determinantes; algunos, de adyacente, otros, de adjetivo o modificador...; otros, de pronombres sustantivos, diferenciándolos de los pronombres adjetivos, etcétera.*

Por otra parte, además de estas formulaciones teóricas engorrosas, los alumnos deben superar otras veces la dificultad añadida que supone el hecho de realizar, según qué profesor, distintos ejercicios de análisis; en unos casos realizarán análisis morfosintácticos conjuntamente; en otros modelos, se diferenciarán tajantemente los conceptos de oración/ proposición, oración compuesta/oración compleja..., por ejemplo.

En nuestro trabajo, los estudiosos e interesados podrán comprobar que hemos evitado siempre el uso de términos complicados o equívocos; que hemos huido en todo momento de una exposición teórica farragosa (la teoría aparece siempre expresada con ejemplos aplicados, y al lado de cada explicación teórica se encuentran numerosos y diferentes ejercicios de realización); que hemos seguido los criterios tradicionales y básicos en los ejercicios y análisis, y que los estudiantes podrán ir valorando de forma objetiva y precisa el grado de asimilación y aprendizaje que van adquiriendo al hacer los ejercicios que aparecen, y comprobar la validez o no de sus realizaciones, según la respuesta que hallarán en el solucionario.

Nuestra experiencia docente nos ha permitido adecuar a la teoría que se presenta un muestrario de ejercicios suficiente y apropiado, así como la presentación, al final de cada capítulo, de una serie de ejercicios de recapitulación y de autoevaluación, cuya realización positiva podrá favorecer la dedicación, interés y estímulo en los aprendices.

Por criterios pedagógicos y para presentar un análisis progresivo en la exposición, hemos dividido el contenido del libro en siete capítulos. En el primero, aparece una breve referencia sobre el contenido, importancia y métodos de estudio de la Sintaxis, y en los siguientes, una exposición teórica de las unidades sintácticas y de las relaciones que presentan, junto a un prolífico muestrario de ejemplos prácticos y aplicados, para acabar en el capítulo séptimo con el solucionario, donde se recogen las soluciones de todos los ejemplos aparecidos, y cuya realización han podido hacerla por separado los estudiosos. Además, los lectores encon-

trarán al final del libro las referencias bibliográficas suficientes para ampliar el conocimiento de aspectos generales o concretos del estudio sintáctico que les puedan interesar.

Finalmente, es de justicia que quede aquí anotado mi reconocimiento a una esposa y a unos hijos que han tenido que convivir en algunos momentos junto a folios de ejercicios sintácticos, y cuya respuesta ha sido siempre, como corresponde a la estima y aprecio que me merecen, de consideración y de apoyo.

En Madrid. 1994   EL AUTOR

CAPÍTULO 1

INTRODUCCIÓN AL ESTUDIO DE LA SINTAXIS

Importancia y significación del estudio sintáctico

En la elaboración de este trabajo no hemos pretendido agotar todas las posibilidades de interpretación y de realización lingüística que los ejercicios de sintaxis permiten, sino sólo confeccionar un libro de consulta y de ayuda para los estudiosos y aprendices de nuestra lengua que, sin ser expertos y sin cursar estudios específicos de Lingüística, tengan el interés o la obligación de adquirir un mayor dominio en el conocimiento y en la realización de los ejercicios de la lengua.

Este propósito de facilitar la tarea del estudio y aprendizaje parece pretensión presuntuosa por nuestra parte. Primero, porque nada es fácil, y menos en Lingüística, si en el estudioso no existe la voluntad de aprender; y segundo, porque dados los "vientos de renovación pedagógica" que soplan en la enseñanza por todas las partes, y en especial en la enseñanza de la Lengua, los ejercicios de sintaxis están siendo casi "desterrados" de los planes de estudio en la educación básica y media, por creer que no se obtienen con su conocimiento resultados provechosos, y porque su aprendizaje se considera tarea difícil y poco grata para los alumnos que pacientemente deben sufrir las "aburridas y tediosas" clases de Lengua.

Sin embargo, nuestra experiencia docente nos permite comprobar que ese panorama "tan desolador" que vaticinan los teóricos de la enseñanza y de los planes de estudio y que "critican" los pedagogos, no siempre se da en las aulas, y que hay alumnos que tienen afortunadamente buena voluntad, y la disposición necesaria y suficiente para aprender, incluso, las enseñanzas sintácticas.

Bien es cierto que la enseñanza de las cuestiones de lengua exige actitudes pedagógicas distintas a las que, probablemente, de forma errónea se vienen o se han venido realizando. (Desde siempre ha habido críticas a lo que se estaba enseñando, y ello es bueno: significa afán de superación. Pero ello no supone que lo anterior pueda ser sustituido por cualquier proyecto que se proponga de forma gratuita y fácil.)

Así, todavía existe entre alumnos y estudiosos la idea de que el aprobado en Lengua supone, sobre todo y fundamentalmente, la superación de unos simples ejercicios de expresión lingüística práctica y el dominio y la pericia en los ejercicios ortográficos; o que la enseñanza de la lengua que reciben en las aulas no tiene nada que ver con la lengua que ellos conocen y que utilizan como vehículo para su expresión o su representación, por lo que la consideran "lengua de laboratorio " o "inventos de los gramáticos".

Esta desorientación se da también, y sobre todo, en la Sintaxis, donde los problemas deben de dejar de ser puramente teóricos para adquirir un enfoque y una concepción mucho más útil y práctica.

Las formulaciones teóricas no deben ser engorrosas para los alumnos, y aquellos pedagogos no deberían poner en duda la importancia de los estudios de Sintaxis.

Todos conocemos algunos ejemplos negativos de formas pedagógicas concretas, pero también es verdad que son frecuentes las realidades como la que se recoge en un viejo artículo peridístico del diario *El País* (22-9-93), que citamos: "No es de calidad una enseñanza que está produciendo los alarmantes niveles de degradación de la expresión oral y escrita de una población que está supuestamente educada y escolarizada."

Con ello, constatamos que es frecuente el fracaso en los logros y en la obtención de resultados prácticos positivos en la enseñanza, y que paradójicamente —ya que no siempre se corresponde con los postulados teóricos— las sociedades actuales se articulan cada vez más en torno a una cultura lingüística, y exigen a los conciudadanos la superación de comportamientos lingüísticos con los que miden su desarrollo y los clasifican.

Es frecuente oír, entre los que tienen la potestad de la clasificación y de la selección de las personas para cubrir puestos de representación, de responsabilidad y de trabajo, expresiones como éstas: "Este individuo es muy válido...., pero no sabe expresarse."

Con todo, entendemos que el fracaso no está en la enseñanza de la Lengua, ni siquiera en la enseñanza de la Sintaxis, cuyo conocimiento y provecho se pone a veces en duda en los planes de enseñanza; sino en las técnicas, usos y medios que se utilizan en su desarrollo y aprendizaje.

Por otra parte, es la propia sociedad la que reclama un mayor provecho y unos mejores logros en el ejercicio y dominio de la expresión lingüística, donde la enseñanza de la Gramática —y la Sintaxis no es más que el funcionamiento de las unidades gramaticales— adquiere un papel determinante, ya que ayuda a los estudiosos a adquirir el conocimiento de su lengua y el dominio de su expresión.

Es cierto que la Gramática no es la "ciencia que enseña a hablar y escribir correctamente nuestro idioma", como se anotaba en las gramáticas de la Real Academia Española de la Lengua hasta 1932.

Como ya decía el profesor Américo Castro en 1922, en *La enseñanza del español en España*: "... la gramática no sirve para enseñar a hablar y escribir correctamente la lengua propia..., lo mismo que el estudio de la acústica no enseña a bailar o de la mecánica a montar en bicicleta." Pero la voluntad de aprender y el propósito de conocer cómo se estructuran las unidades de la lengua y la determinación de las relaciones de dependencia o interdependencia que se exigen en su realización, permiten a los estudiosos un conocimiento mayor y, por tanto, un mejor dominio de la lengua que va a utilizar como forma de expresión y de representación de su mundo interior y exterior, cuyas vivencias podrá enseñar y representar (nuestro mundo real o imaginado, y la representación que de él tenemos, se configura según la competencia lingüística que poseemos).

En nuestro trabajo, hemos querido evitar asimismo otros problemas ya tradicionales en la enseñanza de la Sintaxis: la terminología y los métodos de análisis.

La proliferación de corrientes y escuelas lingüísticas en el siglo XX, que han dado lugar a nuevos conceptos, diferentes términos y complicadas explicaciones, ha creado paradójicamente confusión y caos en el panorama lingüístico, sobre todo en los niveles no universitarios, con el consiguiente rechazo por parte de los estudiosos o aprendices.

La desorientación se da también entre los profesores, que dudan en muchos casos sobre qué términos y metodología enseñar a los alumnos que sin ser especialistas (muchos de ellos ni siquiera seguirán estudios superiores) sólo deben alcanzar una mayor reflexión y dominio de la estructura de la lengua que utilizan.

Aquí, hemos utilizado los términos sintácticos de siempre, y sólo hemos incluido aquellos conceptos nuevos que aportan claridad y precisión, y que son de uso casi general en la enseñanza.

En cuanto a la metodología, hemos querido huir de todo formulismo que pudiera transmitir a los aprendices o estudiosos idea de dificultad o de complejidad de planteamiento.

Si las formulaciones teóricas no deben ser engorrosas para los alumnos, las aplicaciones prácticas deben reflejar con nitidez y precisión la determinación de las unidades sintácticas y la configuración de las relaciones que entre ellas se establecen.

A veces, incluso, estas razones metodológicas y de exposición nos han llevado a diferenciar con extrema claridad las unidades sintácticas de las otras unidades de la lengua, fundamentalmente de las unidades morfológicas o categorías gramaticales, aun cuando sabemos que la Sintaxis no es una disciplina autónoma, y que sus unidades y las relaciones internas que presentan, no vienen dadas en sí mismas, sino también por las conexiones fonológicas, léxicas y morfológicas que mantienen con otras unidades de la lengua.

En otros muchos manuales, la imposibilidad de delimitación precisa de las unidades de la lengua: fonológicas, morfológicas, sintácticas..., ha dado lugar a soluciones de agrupación y de organización de estas unidades en niveles amalgamados más amplios (nivel morfosintáctico, por ejemplo).

Pero nosotros no queremos apartarnos en la exposición del propósito descriptivo de la lengua, y así, nos referimos al nivel sintáctico según el sentido más general y tradicional, aunque alguna vez tengamos que hacer referencia a algunos aspectos que serían más propios de otros sectores de la lengua.

CAPÍTULO 2

LAS UNIDADES SINTÁCTICAS

2.1. SEGMENTACIÓN Y SUBCATEGORIZACIÓN SINTÁCTICA: CATEGORÍAS Y FUNCIONES

Es básico y fundamental que en los ejercicios de análisis se establezca con precisión la determinación de las unidades sintácticas tras un proceso de segmentación por estratos que facilite la tarea de aprendizaje y favorezca la claridad y la precisión expositiva.

En este trabajo hemos adoptado los criterios de clasificación más tradicionales, sin incluir otras consideraciones teóricas más o menos novedosas que podrían resultar prolijas y, además, poco aclaratorias.

Se parte de la oración como unidad lingüística básica, y de sus articulaciones (segmentos básicos) o constituyentes inmediatos (sujeto y predicado) como ejercicio de preparación para la determinación de las unidades sintácticas:

El hombre del traje gris ha pedido baile a la amiga de tu hermano.
          suj.   pred.

Luego, a partir de esta primera segmentación, se determinan los constituyentes de estos ejes oracionales básicos: el núcleo del sujeto y sus complementos, y el núcleo verbal (el verbo) y sus complementos; y en su caso el /los complemento/s de los complementos. (Véase § 3.2):

El hombre del traje gris ha pedido baile a la amiga de tu hermano.
          c. nombre   c. nombre
          sujeto   verbo   c. d.   c. i.

EJERCICIOS:

a)   Indicar cuál es el sujeto de las siguientes oraciones:

1.   *Eso ya te lo dará mañana mi madre.*
2.   *En los balcones de algunas casas crecen flores.*
3.   *Tenía muchos papeles tirados en la habitación tu hermano.*
4.   *Mañana acudirán al campo de entrenamiento todos los jugadores.*
5.   *El otro día te vimos en el parque.*
6.   *Ojalá mi hermana apruebe las matemáticas.*
7.   *Me desagradan muchísimo sus cuchicheos.*
8.   *Me dio este recado para ti el profesor.*
9.   *Me gustan las fresas con nata.*

b)   Indicar cuál es el predicado de las siguientes oraciones:

1.   *Nos entregarán mañana el paquete.*
2.   *Hoy estaremos contigo todos en el hospital.*
3.   *Hay papeles tirados en el suelo.*
4.   *En ese cajón están todas las llaves de tu casa.*
5.   *Mi primo y yo te llevaremos al cine.*
6.   *Me preocupa el comportamiento de aquellos alumnos*
7.   *Mi padre permaneció quince días en el hospital.*
8.   *Me agrada la sencillez de las gentes del campo.*
9.   *En la casa de mi pueblo hay algunas goteras.*
10. *Todos conocen los resultados del examen.*

2.2. LA ORACIÓN

Son muchas las definiciones de la oración que han ido apareciendo en los distintos estudios y manuales de gramática.

Aquí no pretendemos agotar la exposición de todas las definiciones que son total o parcialmente válidas —según nuestro criterio—, sino que nos limitamos a anotar como modelo de definición de oración la de la *Gramática Castellana* de A. Alonso y P. H. Ureña: "La menor unidad de habla que tiene sentido en sí misma se llama oración."

Además, en este trabajo nos interesa destacar el estudio de la oración más como estructura lingüística en que se establecen las relaciones de las unidades que la forman (unidades sintácticas: sujeto, verbo y complementos) que como secuencia de expresión lingüística.

Si para los hablantes, la oración no es más que el resultado de un ejercicio de lengua, es decir, un acto de comunicación que les sirve de instrumento transmisor en su intención comunicativa, y que le exige la aplicación y puesta en práctica del conjunto de unidades y de reglas de su lengua; para los gramáticos, la oración constituye la unidad básica a partir de la cual establecemos la determinación de las unidades que la forman, y las relaciones o funciones sintácticas que se establecen entre ellas.

Por otra parte, también aparece a continuación la exposición diferenciada (véase § 2.5) de la oración simple y compuesta, aunque en la conciencia de los hablantes no sean más que las mismas unidades de intencionalidad comunicativa con estructuras diferentes:

Todos llegaron hasta aquel lugar (o. simple).
Todos llegaron hasta donde ocurrió el accidente (o. compuesta).
Me molestan tus críticas (o. simple).
Me molesta que tú me critiques (o. compuesta).

EJERCICIOS:

a) Sustituir los enunciados que siguen por otros que estén formados por oraciones simples, sin que varíe el significado oracional:

1. *Todos tienen deseos de que sus hijos triunfen.*
2. *Las personas que piden la paz son dignas de nuestro aplauso.*
3. *Que hayáis llegado vosotros ha sido mi mayor consuelo.*
4. *Cuando se es rico, la gente se olvida de todo.*
5. *Los que escriben novelas procuran vender ilusión, esperanza y fantasía.*
6. *Este balón es de los alumnos que están allí.*

b) Sustituir los enunciados que siguen por otros que estén formados por oraciones compuestas, sin que varíe el significado oracional:

1. *Todos se preocupan de tu problema.*
2. *Mañana veremos a tu nuevo amigo.*
3. *Los alumnos aprobados no tendrán clase mañana.*
4. *Me han robado el regalo del día de mi cumpleaños.*
5. *Llegaron tres personas después del accidente.*
6. *En la miseria se es menos exigente.*

c) Reconstruir las siguientes frases que aparecen desordenadas en forma de oración compuesta:

1. *El paro*
   aunque la economía
   este mes
   en España
   parece recuperarse
   ha bajado

   Oración: ....
   ....

2. *La calefacción*
   frío
   hoy
   aunque ha hecho
   no han encendido
   de la oficina

   Oración: ....
   ....

3. *Que defendía*
   de que el estudiante
   tenía la prueba
   el abogado
   era inocente

   Oración: ....
   ....

4. *A los bomberos*
    un incendio
    provocado
    avisaron
    para que apagaran
    rápidamente
    que había sido

    Oración: ....
    ....

5. *Que habían ganado*
    estaba preparada
    los atletas
    ya estaba a punto
    la mesa
    y la comida
    las carreras
    cuando llegaron

    Oración: ....
    ....

2.3. ELEMENTOS ORACIONALES Y FUNCIONES

En toda estructura oracional podemos distinguir elementos y funciones.

Los *elementos oracionales* son cada una de las palabras que forman la oración: nombre, determinante, adjetivo, pronombre, verbo, adverbio, preposición, conjunción e interjección (la interjección, más que palabra, es una oración exclamativa abreviada):

La casa de mi abuela tiene grandes ventanas en la fachada principal.

la: determinante artículo
casa: nombre
de: preposición

mi: determinante posesivo
abuela: nombre
tiene: verbo
grandes: adjetivo
ventanas: nombre
en: preposición
la: determinante artículo
fachada: nombre
principal: adjetivo

Las funciones son las relaciones que se establecen entre los elementos oracionales y que dan lugar a las unidades sintácticas englobadas en los constituyentes oracionales básicos: sujeto y predicado:

La casa de mi abuela tiene grandes ventanas en la fachada principal.

— Sujeto: *la casa de mi abuela.*
• C. del nombre: *de mi abuela.*
— Predicado: *tiene grandes ventanas en la fachada principal.*
• Verbo: *tiene.*
• C. directo: *grandes ventanas.*
• C. circunstancial: *en la fachada principal.*

El estudio de los elementos oracionales o clases de palabras que forman la oración corresponde a la Morfología, en cuanto que son unidades que vienen determinadas por su categoría o naturaleza lingüística: nombres, adjetivos, determinantes, verbos, adverbios...

En cambio, el estudio de las funciones sintácticas, es decir, el estudio de los diferentes papeles que desempeñan las palabras en la oración al entrar en relación unas con otras, corresponde a la Sintaxis.

En la oración *Juan vende coches usados* se dan cuatro elementos lingüísticos: nombre *(Juan),* verbo *(vende),* nombre *(coches)* y adjetivo *(usados),* y las relaciones funcionales que se establecen entre los cuatro elementos son tres: sujeto *(Juan),* verbo *(vende)* y c. directo *(coches usados).*

A veces, en ciertoss enunciados pueden aparecer funciones oracionales sin que algunos de los elementos aparezcan expresados; ello ocurre en los casos de omisión de alguno de los elementos que forman los constituyentes oracionales. Así, en la oración *vendré mañana,* hay sujeto, aunque aparezca omitido el elemento que lo representa: *(yo) vendré mañana.*

Aquí sólo nos ocupamos de las relaciones sintácticas; de las funciones sintácticas. Las categorías gramaticales se estudian en los tratados y manuales de Morfología.

Con todo, las diferencias entre las categorías y las funciones, como unidades lingüísticas que son, no siempre se presentan de forma clara y precisa, como ya queda explicado en otros apartados, sino que frecuentemente, y muchas veces es por razones metodológicas y de exposición, aparecen relacionadas. Así, el sustantivo *Juan* de la oración anterior funciona como sujeto, por lo que de alguna forma ambas unidades lingüísticas aparecen diferenciadas; pero, sin embargo, la función de sujeto, a su vez, exige la presencia de la categoría nominal o de una forma léxica equivalente, por lo que podemos decir que las dos unidades están en interdependencia.

EJERCICIOS:

a) Indicar qué elementos (clases de palabras) aparecen en los enunciados que siguen:

1. *Todos tienen buenas intenciones.*
2. *Mis hermanos son educados.*
3. *Tus amigos están en mi casa.*
4. *Jugábamos con un balón de reglamento.*
5. *Mis suegros me enviaron ayer un paquete.*
6. *En esta fábrica trabaja mi novio.*
7. *En este pueblo siempre hay fiestas.*

b) Señalar las funciones sintácticas que aparecen en los enunciados siguientes:

1. *Todos tienen buenas intenciones.*
2. *Mis hermanos son educados.*
3. *Tus amigos están en mi casa.*
4. *Jugábamos con un balón de reglamento.*
5. *Mis suegros me enviaron ayer un paquete.*

6. *En esta fábrica trabaja mi novio.*
7. *En este pueblo siempre hay fiestas.*

c) Indicar cuál de los sustantivos siguientes puede ser el sujeto de cada una de las oraciones:

El vaso, las notas, tu comportamiento, los pies, los árboles, las flores, la cabeza.

1. *En los balcones de mi casa son de varios colores*................
2. *Tienen todos hojas en primavera*...................................
3. *Le huelen mucho a Juan*...
4. *No me gustan esta vez*...
5. *Le dolía con frecuencia*..
6. *Se ha caído al suelo y se ha roto*...............................
7. *Me preocupa mucho, hijo,* ....

2.4. ESTRUCTURA DE LA ORACIÓN: SUJETO Y PREDICADO

La estructura oracional se articula en dos constituyentes básicos que aparecen interrelacionados entre sí: el sujeto y el predicado:

Mis hermanos riegan las flores del jardín de mi casa.
sujeto   predicado

En el jardín de mi casa crecen flores.
predicado   suj.

El *sujeto* es el elemento (o los elementos) del que se dice algo en la oración a través del predicado:

Los árboles florecen.
Trabaja sin descanso el labrador.
El libro está sobre la mesa.

Los *árboles,* el *labrador* y *el libro* son las personas o cosas de los cuales decimos algo, y, por lo tanto, son el sujeto de la oración de la que forman parte.

El *predicado* es lo que se dice del sujeto en la expresión oracional:

El jardinero riega las plantas.
Crecen en mi jardín *las azucenas.*
Arrastra su vergüenza *el traidor.*

Las expresiones *riega las plantas, crecen en mi jardín y arrastra su vergüenza,* forman el predicado, y nos sirven para expresar lo que decimos en la oración de los sujetos *el jardinero, las azucenas y el traidor.*

Por lo tanto, en principio la oración tiene una estructura bimembre: la articulación básica de la oración consta de dos miembros: sujeto y predicado:

Delibes ha escrito muchas novelas.
suj.   predic.

Mi padre ha trabajado siempre con decisión y ahínco.
suj.   predic.

Se han estropeado las flores de la terraza.
predic.   suj.

Pero existen asimismo oraciones unimembres, aunque sean menos frecuentes; son las oraciones unipersonales que carecen de sujeto y que están formadas por el predicado:

Ayer nevaba mucho en la sierra.
predic.

Se ve a los presos tras las rejas.
predic.

Había muchos alumnos en el patio.
predic.

También las oraciones bimembres pueden aparecer en el uso de la lengua con algunos de sus elementos o con sus elementos total o parcialmente omitidos:

Mañana iremos de excursión (**Nosotros**).
A las cinco, en el patio (**Te espero yo a las cinco en el patio**).
Ése (**Alcánzame tú, por favor, ese bolígrafo**).

Este fenómeno de la elisión responde al hecho frecuente y de tendencia general del uso de la economía lingüística en el ejercicio de la lengua; pero también, y sobre todo, se debe al hecho de que las terminaciones verbales en español son suficientemente expresivas e indican de forma tan explícita la relación entre sujeto y predicado, que permiten omitir el sujeto y "ahorrarse" su expresión, ya que de alguna forma queda expresado en la forma verbal conjugada:

Bebemos cerveza sin alcohol ***(Nosotros)***.
Ya no fumo ***(Yo)***.
Vino a las cinco ***(Él)***.

A veces, la omisión del sujeto se da incluso en expresiones que, por presentar posible ambigüedad, necesitan la presencia de sujeto. Ello ocurre, por ejemplo, cuando la oración se expresa en tercera persona sin indicar a qué tercera persona se hace referencia:

Luis y María se encontraron en la calle y dijo que estaba esperando desde las dos/(¿Quién esperaba: él o ella?).

Otras veces, por el contrario, aparecen sujetos expresos en oraciones en que parece innecesario:

Yo *como pan.*
Él *vino ayer.*
Yo *lo sé todo.*

La expresión del sujeto en estas oraciones responde en muchos casos a razones significativas o de estilo, ya que la presencia del sujeto puede hacer resaltar la participación activa del actor en lo comentado o narrado, o intensificar su valor significativo, incluso, con la repetición del sujeto pronominal:

Yo, yo, yo, yo, yo... *lo sé.*

También es frecuente la omisión del predicado o de parte de las palabras que forman el predicado en el uso de la lengua:

Hoy, garbanzos ***(comemos)***.
Esta tarde, a las diez, en el bar ***(quedamos)***.

Esto ocurre, sobre todo, cuando se sustituye el valor significativo de las formas sustituidas por el significado contextual o por la situación comunicativa:

> — *¿Quién lo ha hecho?*
> — *Juan (**Juan lo ha hecho**).*

Asimismo pueden aparecer total o parcialmente omitidos el sujeto y el predicado a la vez:

> *¡Ay!/(¡Qué dolor de muelas tengo!)*
> *Ése/(Dame ese libro).*

EJERCICIOS:

a) Indicar cuáles de los siguientes enunciados oracionales carecen de sujeto:

1. *Se han estropeado las fresas.*
2. *Se veía a los detenidos a través de los cristales.*
3. *Estos libros hay que comprarlos en esa librería.*
4. *Esta vida hay que saber vivirla.*
5. *Había mucha gente en la plaza del pueblo.*
6. *A mi hermana le da miedo la oscuridad.*
7. *Ayer nevó en la montaña.*
8. *A todos nos interesan las buenas noticias.*

b) Señalar cuál puede ser el sujeto de las oraciones que siguen, y si aparece expreso u omitido:

1. *Me preocupo demasiado de tu actitud.*
2. *Se ha caído al suelo el vaso de leche.*
3. *Me avergüenzo de tu comportamiento.*
4. *Me preocupa el retraso de tu hermano.*
5. *No me gustan las cosas mal hechas.*
6. *Ayer compramos estos zapatos en las rebajas.*
7. *Dime, Juan, la solución del problema.*
8. *Debéis hacer estos ejercicios antes del lunes.*

2.5. CLASIFICACIÓN DE LA ORACIÓN: ORACIÓN SIMPLE Y COMPUESTA

La oración simple y la oración compuesta coinciden en cuanto que forman un período oracional que es expresión de una unidad de intención comunicativa sentida como tal por los hablantes.

Se diferencian sólo en la expresión o en la forma gramatical que presentan, según el dominio de la lengua de los hablantes que las usan, y según las distintas situaciones comunicativas:

> *Dame el pan* (o. simple).
> *Quiero que me des el pan* (o. compuesta).
> *Deseo tu felicidad* (o. simple).
> *Deseo que tú seas feliz* (o. compuesta).

La *oración simple* es la que está formada por un solo verbo e indica una sola acción verbal:

> *Los niños comen en casa.*
> *Los abuelos tienen que comer alimentos blandos.*

La *oración compuesta* es la que está formada por más de un verbo e indica más de una acción verbal:

> *Los padres tienen la ilusión de que sus hijos triunfen.*
> *Cuando conseguimos triunfos, somos más felices.*

Con todo, la diferencia entre oración simple y oración compuesta no siempre es clara. Así, por ejemplo, en algunos manuales de gramática un mismo enunciado oracional puede aparecer analizado como oración simple con elementos oracionales múltiples, o como oración compuesta con elementos omitidos:

> *Mi hermano colecciona cromos y mecheros* (o. simple con c. directo múltiple).
> *Mi hermano colecciona cromos y mecheros* (o. compuesta: *Mi hermano colecciona cromos y mi hermano colecciona mecheros*).

EJERCICIOS:

a) Reducir a oraciones simples las siguientes oraciones compuestas, intentando mantener el mismo significado:

1. *Nos interesaría que la reunión se celebrase la semana próxima.*
2. *Se mandará toda la información a cuantos la soliciten.*
3. *El premio será para quienes logren la victoria.*
4. *La función gustó mucho a todos los que asistieron al espectáculo.*
5. *Me tienes que decir lo que piensas.*
6. *Para esta tarea será necesario que todos nos esforcemos.*

b) Sustituir por un adjetivo las proposiciones que aparecen introducidas por el nexo *que:*

1. *Mi padre está que se sube por las paredes.*
2. *Ese señor está que no da pie con bola.*
3. *Tu novia está que embelesa.*
4. *La situación está que arde.*
5. *Con tanta comida estoy que reviento.*

c) Sustituir las proposiciones adjetivas o de relativo por un adjetivo.

1. *Los animales que comen carne están sometidos a infecciones.*
2. *Los hombres que fuman son unos viciosos.*
3. *Las personas que sienten placer con el sufrimiento ajeno son detestables.*
4. *Los animales que comen hierba tienen menos enfermedades.*
5. *Los hombres que codician los bienes ajenos viven insatisfechos.*

d) Sustituir los adjetivos que aparecen por una proposición adjetiva o de relativo:

1. *Las personas ricas también pueden ser caritativas.*
2. *Los niños miedosos no siempre son cobardes.*

3. *El equipo <u>ganador</u> se llevará la copa.*
4. *Las personas <u>ilesas</u> pueden irse ya a sus casas.*
5. *Los trabajos <u>seleccionados</u> serán premiados.*

2.6. RELACIONES DE CONCORDANCIA ENTRE SUJETO Y VERBO. LA DISCORDANCIA GRAMATICAL

La unidad gramatical que forman las palabras de una oración exige unas conexiones formales: relaciones de concordancia, entre las unidades oracionales:

> *Los niños comen chocolate.*
> *La niña está contenta.*

En la primera oración, las relaciones de concordancia se dan: entre *los* y *niños*/entre *niños* y *comen*.

En la segunda, entre *la* y *niña*/entre *niña* y *está*/entre *niña* y *contenta*.

Aunque estas relaciones se establecen entre todas las partes variables de la oración, aquí estudiamos sólo las relaciones de concordancia entre sujeto y verbo, y que anotamos genéricamente en los apartados siguientes:

a)   Cuando el verbo se refiere a un solo sujeto, concuerda con él en número (singular o plural) y persona (primera, segunda o tercera):

> *Yo iré mañana contigo.*
> *Ellos vendrán mañana.*
> *Los cipreses son árboles de cementerio.*
> *Vosotros tenéis que ayudar a los necesitados.*

b)   Cuando el sujeto consta de dos o más personas, el verbo concuerda en plural con la primera, si la hay, y, si no, con la segunda:

> *Él, tú y yo nos quedamos aquí.*
> *Ella y yo haremos el resto del trabajo.*
> *Él y tú estaréis siempre en mi recuerdo.*
> *Vosotros y nosotros tenemos las mismas preocupaciones.*

Aunque las reglas de la concordancia son sencillas, en el uso lingüístico se registran numerosas anomalías, tanto en la lengua hablada como en la lengua escrita. Estos desajustes gramaticales están motivados frecuentemente por la falta de atención, por la escasa instrucción o por la impericia de los hablantes; ello ocurre, sobre todo, en el habla coloquial, donde la rapidez improvisadora favorece la aparición de discordancias.

En otras ocasiones, la falta de concordancia no supone desconocimiento de las reglas gramaticales, ni responde a las otras causas externas, sino que se debe a razones de significación o a propósitos deliberados del hablante para conseguir determinados efectos estilísticos. Esto es lo que sucede en algunos de los casos de *discordancia:* concordancias especiales que se hacen por razones de interés estilístico o expresivo, y que, aunque en un estricto análisis serían incorrectos, sin embargo, son aceptadas:

¿Cómo nos encontramos, amigo? (¿cómo te encuentras, amigo?).

Como decíamos ayer... (como decía ayer... [el profesor a los alumnos]).

Entre los ejemplos de discordancia más significativos, anotamos los que siguen:

a) **Discordancia según el sentido (discordancia ad sensum):**

Cuando el sujeto es un sustantivo en singular que indica cantidad plural, puede ponerse el verbo en plural; ello ocurre con sustantivos como: *multitud, millar, caterva, infinidad, montón, la mitad, un tercio, una parte, el resto...*:

Acudieron allí un millar de personas.
Una caterva de chiquillos se esparcieron por la plaza.
Un montón de pájaros huyeron tras el disparo, el resto se quedaron allí.

Esta clase de discordancias, concordancias no formales, responden a razones significativas: el sujeto es un sustantivo en singular: *millar, caterva, montón, el resto...* pero como significa un número plural de individuos, objetos o cosas, ponemos el verbo en plural porque nuestro pensamiento se está refiriendo a la pluralidad de individuos comprendidos en el sustantivo singular.

b) **Discordancia de sustantivos colectivos:**

Por la misma razón: concordancia según el sentido, el verbo a veces concuerda en plural con sujetos singulares representados por sustantivos colectivos, que indican un conjunto de individuos, objetos o cosas: *gente, pueblo, tropa, regimiento...:*

> *La gente, a una señal convenida de sus jefes, se amotinaron.*
> *El regimiento caminaba tranquilo pero súbitamente se pusieron a correr.*

La discordancia en plural de los sustantivos colectivos singulares es más frecuente si el verbo y el sujeto se encuentran distanciados, ya que el alejamiento produce en el que habla olvido de la forma gramatical, pero no del sentido:

> *El pueblo se amotinó, pero a la primera descarga huyeron despavoridos.*

Esta misma relación de concordancia pueden presentar las formas pronominales neutras: esto, eso y aquello (que indican pluralidad) cuando funcionan como sujeto:

> *Eso son amores, que no buenas razones.*
> *Aquello eran fiestas, y no lo de ahora.*

A veces, y por esta misma razón de concordancia, se pone en plural el verbo —aunque puede concordar también en singular— cuando el sujeto está representado por sustantivos como especie, tipo, clase, género... y van determinados por un complemento del nombre en plural:

> *Este tipo de palabras llevan/lleva acento gráfico.*
> *Esta clase de faltas se castigan/se castiga duramente.*
> *Esa especie de animales son frecuentes/es frecuente.*

c) **Discordancia deliberada:**

En ocasiones, el hablante utiliza la discordancia con la intención de conseguir efectos estilísticos especiales; ello ocurre en los casos de discordancia deliberada o voluntaria, cuyos usos más significativos son:

1) El plural asociativo o psicológico:

El hablante utiliza el verbo en plural con sujeto en singular cuando quiere participar o hacer participar a los demás de una actividad o estado de ánimo determinado. Así, por ejemplo, cuando preguntamos a un enfermo: *¿Cómo estamos?*, o cuando comentamos la victoria del equipo de fútbol del que somos aficionados: *¿Cómo ha quedado el Real Madrid?/ —Hemos ganado.*

A veces se usa también para expresar sorpresa o ironía ante el interlocutor:

> *Hoy tenemos mal día, ¡eh!, Juan.*

2) El plural de modestia:

El hablante utiliza el verbo en primera persona de plural para hablar de sí mismo:

> *Creemos...*
> *Pensamos...*
> *Decíamos ayer...*

Con ello el hablante intenta rebajar el protagonismo o disminuir la responsabilidad de la acción que expresa, diluyéndola en una pluralidad ficticia. Se dice, por ejemplo, aunque sólo sea uno el protagonista de la acción:

> *Ya lo hemos arreglado...*
> *Ya lo hemos estropeado...*

3) El plural mayestático:

Se utiliza el plural como fórmula de tratamiento —aunque cada vez es menos frecuente— cuando el hablante actúa como representante de una categoría social o política relevante o de alta consideración:

> *Nos, el Rey, otorgamos...*
> *Nos, el Papa, declaramos...*

EJERCICIOS:

a) Señalar los sujetos de las oraciones que siguen y comprobar las
relaciones de concordancia que presentan con el verbo:

1. *Se venden bocadillos en el bar.*
2. *Se han caído al suelo todos los apuntes.*
3. *Mi madre prepara siempre la comida.*
4. *Hoy me duele a mí la cabeza.*
5. *Todos se acercaron hasta la puerta de la casa.*
6. *A mi compañero de mesa le huelen los pies.*
7. *Eso nos atañe a todos nosotros.*
8. *Se decían cosas fantásticas entre los asistentes a la velada.*
9. *Este tema nos preocupa a todos.*

b) Señalar las peculiaridades en las relaciones de concordancia
entre el sujeto y el verbo:

1. *Esta clase de palabras llevan acento diacrítico.*
2. *La muchedumbre se agolpó en la plaza y luego huyeron
    despavoridos.*
3. *Los alumnos aprobados deben recoger sus notas, el resto
    pueden pasar a ver al director.*
4. *Este tipo de faltas se castigan con rigor.*
5. *Un rebaño de ovejas pastaban en las praderas de mi pueblo.*
6. *¿Cómo ha quedado el Real Madrid?/—El otro día perdió,
    pero hoy hemos ganado por goleada.*
7. *El nombre y apellidos debe figurar en la parte de arriba.*
8. *El nombre con sus apellidos deben figurar en la parte de arriba.*

2.7. EL ORDEN DE LOS ELEMENTOS ORACIONALES: VALORES EXPRESIVOS Y ESTILÍSTICOS

Los elementos oracionales que representan las funciones de sujeto,
verbo y complementos, guardan entre sí una relación interna que viene
expresada lingüísticamente por las relaciones de concordancia.

En cambio, la posición relativa de cada elemento en la oración viene marcada por razones lingüísticas diversas; unas veces, por su valor funcional, y otras, por el estilo personal o intencionalidad significativa de los hablantes, y también por hábitos rítmicos o de pronunciación que dejan sentir su influencia de un modo constante dentro de la comunidad lingüística.

Además, nuestra lengua raramente presenta exigencias de colocación fija de los elmentos oracionales; podríamos decir que en español el orden de colocación es libre, salvo el que se refiere al artículo, preposiciones y conjunciones, elementos que van siempre delante del término lingüístico al que se refieren:

El amigo de mi hijo vendrá cuando amanezca.
Cuando amanezca vendrá el amigo de mi hijo.
Vendrá el amigo de mi hijo cuando amanezca.

Aun así, esa libertad de colocación no debe suponer una disposición anárquica en el discurso lingüístico de los elementos, sino que el orden de colocación debe responder a las razones lingüísticas generales o particulares ya anotadas.

Con todo, es frecuente que el hablante siga un proceso lógico de creación del acto de comunicación; en la línea de pensamiento, los elementos oracionales aparecen frecuentemente en una secuencia lineal ordenada: sujeto, verbo y complementos. Si los elementos aparecen en este orden en la expresión lingüística, decimos que la oración presenta un orden o *estructura lineal o progresiva,* en la que el sujeto irá seguido del verbo y a éste seguirán el complemento directo, indirecto y los complementos circunstanciales:

El niño escribió una carta a su abuelo.
Los buenos amigos no abandonan a los necesitados en los momentos difíciles.
Toda la familia esperaba a los invitados en la estación de autobuses.

Pero esta tendencia a la construcción lineal, que es cada vez más general en las lenguas modernas (más en francés o en inglés, por ejemplo, que en español) no es exclusiva, ni siquiera predominante, en el uso lingüístico, donde es frecuente la anteposición o posposición de algunos de los elementos oracionales, como ya anotábamos.

Cuando los elementos no siguen el orden lógico de colocación, decimos que la oración presenta un orden o *estructura envolvente*.

Este "desorden" de alguno de los elementos oracionales, que responde siempre a razones lingüísticas de función, significación o de hábitos de estilo y pronunciación, puede presentar distintas formas de expresión. Así, el orden de colocación de las cuatro unidades funcionales (sujeto, verbo, c. directo, c. indirecto) en la oración *el criado trajo una carta para mí,* nos presenta veinticuatro modalidades de combinaciones posibles:

El criado trajo una carta para mí.
El criado trajo para mí una carta.
*El criado una carta trajo para mí.
*El criado una carta para mí trajo.
*El criado para mí una carta trajo.
*El criado para mí trajo una carta.

*Una carta el criado trajo para mí.
*Una carta el criado para mí trajo.
Una carta trajo el criado para mí.
Una carta trajo para mí el criado.
Una carta para mí el criado trajo.
Una carta para mí trajo el criado.

Trajo el criado una carta para mí.
Trajo el criado para mí una carta.
Trajo una carta el criado para mí.
Trajo una carta para mí el criado.
Trajo para mí el criado una carta.
Trajo para mí una carta el criado.

*Para mí el criado trajo una carta.
*Para mí el criado una carta trajo.
Para mí trajo el criado una carta.
Para mí trajo una carta el criado.
*Para mí una carta el criado trajo.
*Para mí una carta trajo el criado.

Todas las combinaciones anotadas son válidas, pero las que van señaladas con asterisco están fuera del uso moderno corriente, aunque alguna pueda hallarse en estilos afectados o en poesía, donde aparece un uso anormal intencionado de las unidades lingüísticas como recurso poético, que se denomina hipérbaton.

En cambio, las otras doce combinaciones pueden aparecer en un uso generalizado y normativo de la lengua, aunque las posibilidades de colocación de los elementos tengan una frecuencia de uso diferenciada. Así, podemos observar que algunas de las unidades oracionales siguen un orden de colocación frecuente en el discurso lingüístico. Por ejemplo:

a) El sujeto va generalmente delante del verbo y suele ser el primer elemento oracional:

> **Todos** *venían corriendo.*
> **Los niños** *imitan a los mayores.*
> **Las golondrinas** *construyen cuidadosamente sus nidos.*

Sin embargo, la posposición del sujeto responde siempre a razones significativas o a razones de estilo:

> *¿Ha venido* **Juan***?*
> *Vuelve a esta casa* **la alegría.**

b) El verbo suele ir colocado entre el sujeto y los complementos:

> *El futbolista* **golpeó** *el balón con fuerza.*
> *La esperanza* **proporciona** *bienestar a los desgraciados.*

Cuando el verbo va antepuesto, como primer elemento de la oración, suele ser porque el sujeto está omitido o por razones de significación (el primer elemento que se coloca suele ser significativamente el más relevante):

> **Iremos** *de excursión.*
> **Vuelve** *Juan a casa por Navidad.*

c) Los complementos suelen ir colocados detrás del verbo, y cuando se dan juntos en una oración varios complementos, el orden de aparición lógico suele ser: complemento directo, indirecto y circunstancial:

Antonio dio un abrazo a sus hijos aquel día.
Las ovejas buscaban a sus crías en la majada.

Los complementos pueden ir antepuestos cuando indican una intencionalidad significativa destacada o especial. Además, si la anteposición se da con el complemento directo o el indirecto, es frecuente la redundancia pronominal:

*A **tu madre** la vi ayer en el jardín.*
*A **los vencedores** les entregó el trofeo el presidente.*

EJERCICIOS:

a) Indicar la diferencia de significado que viene expresada en los pares de frases que siguen según el orden de colocación de los adjetivos que aparecen:

1. *Este señor es un hombre pobre*
   Este señor es un pobre hombre.
2. *Tu hermano ha venido en un coche nuevo.*
   Tu hermano ha venido en un nuevo coche.
3. *¡Que salgan los soldados valientes!*
   ¡Que salgan los valientes soldados!
4. *Éste es un gran libro.*
   Éste es un libro grande.
5. *Eran unos chiquillos ricos.*
   Eran unos ricos chiquillos.
6. *Es una noticia triste.*
   Es una triste noticia.

b) Cuando el complemento directo y el complemento indirecto aparecen antepuestos es frecuente el uso de la redundancia pronominal. Comprobar cómo colocando los enunciados oracionales según un orden lógico, desaparecen los pronombres redundantes:

1. *A mis hermanos les dije toda la verdad.*
2. *A tu novio le vimos ayer en el fútbol.*
3. *A mis hijos les deseo todo lo mejor.*

4. *A mi madre le robaron ayer el bolso en la calle.*
5. *El jersey rojo lo dejé en el armario.*
6. *Aquí a nadie se le regala nada.*

2.8. EJERCICIOS DE RECAPITULACIÓN Y DE AUTOEVALUACIÓN

1. Indicar cuál de las siguientes oraciones carece de sujeto:

   a) *Aquí se venden pisos.*
   b) *Había muchas personas a la entrada del edificio.*
   c) *Me molestan los ruidos estridentes.*
   d) *Me dijeron eso por teléfono.*

2. Señalar en qué enunciado oracional el sustantivo *motivos* no forma parte del predicado:

   a) *Tenía motivos para el enfado.*
   b) *Le preocupaban los motivos de su retraso.*
   c) *Hoy nos explicará los motivos de su venida.*
   d) *Tenía dudas de los motivos narrados.*

3. ¿En qué enunciado oracional aparece algún error de concordancia?

   a) *Este tipo de cosas me preocupan.*
   b) *Hay graves problemas en esta fábrica.*
   c) *En aquellos momentos hubieron muchos problemas.*
   d) *Se anunciaban grandes rebajas en aquellos almacenes.*

4. Señalar la oración en que sólo se dé el predicado:

   a) *Hay personas buenas en todas partes.*
   b) *Nos avisó tu padre del accidente.*
   c) *Les conté todos los secretos.*
   d) *Se ha caído al suelo el portalámparas.*

5. Indicar en qué oración forma parte del predicado el elemento oracional *problema:*

a) *Hay un problema muy difícil.*
b) *Me asusta tu problema.*
c) *Se comentaba el problema de tu familia.*
d) *Me interesa mucho tu problema.*

6. Señalar el enunciado que se expresa mediante una oración compuesta:

a) *Todos tenéis que aprender esto.*
b) *Mi hermano trabaja y estudia.*
c) *Mi padre juega al fútbol y al tenis.*
d) *Mi vecino y yo somos del Real Madrid.*

7. Señalar la oración que carece de sujeto:

a) *Se les dijo a todos la noticia.*
b) *Ya conocéis los resultados.*
c) *Le molestan tus preguntas.*
d) *Ayer llovió durante toda la noche.*

8. ¿En qué oración funciona como adverbio la forma *fuerte*?:

a) *En el combate del otro día los púgiles se pegaron fuerte.*
b) *Tú hijo y el mío fueron los más fuertes.*
c) *Le dio un fuerte puñetazo.*
d) *Todos me parecéis más fuertes que yo.*

9. Indicar cuál de los sujetos que siguen no realiza la acción, sino que la recibe o padece:

a) *Todos debéis esperar la buena noticia.*
b) *De todos es conocida la buena noticia.*
c) *Os hará feliz a todos la buena noticia.*
d) *De momento os conformaréis con la buena noticia.*

10. Señalar qué oración lleva un sujeto múltiple:

a) *A Juan y a Pedro les gusta mucho el fútbol.*

b) *Serían interesantes para nosotros todas estas cosas.*
c) *Les preocupaba el comportamiento de todos.*
d) *Tú y yo debemos ser los elegidos.*

11. ¿Cuál de las siguientes proposiciones introducidas por *que* puede sustituirse por un adjetivo?:

a) *No te enfades, que lo he hecho sin malicia.*
b) *Date la vuelta, que te vea mi madre.*
c) *Los jugadores que hemos seleccionado jugarán mañana la final.*
d) *Deseo que triunféis.*

12. ¿En qué enunciado oracional no presentan los elementos un orden lógico de colocación?

a) *Dimos golosinas a todos los invitados.*
b) *La lección es explicada por el profesor.*
c) *Comeríamos fresas con nata todos los días.*
d) *Con los delincuentes la autoridad no debe tener compasión.*

13. Señalar qué oración no presenta una estructura bimembre:

a) *Ése es el mejor.*
b) *Se ha caído el vaso al suelo.*
c) *Se ve a los alumnos en el campo de fútbol.*
d) *En todos los sitios crecen setas.*

14. Indicar qué oración tiene menos elementos que funciones sintácticas:

a) *El amigo de mi hijo es un gran arquitecto.*
b) *Vinimos ayer.*
c) *Yo te deseo toda la suerte del mundo.*
d) *La selección de fútbol juega mañana en mi pueblo.*

15. ¿Qué enunciado oracional puede ser polisémico?

a) *Algunos vendrán mañana.*

b) *El amor de Dios es necesario.*
c) *Me preocupa que podáis llegar tarde.*
d) *Todos son buenos chicos.*

16. Indicar en qué oración no aparecen errores de concordancia:

a) *Ayer estuvimos también en este aula.*
b) *Aquel águila negra era muy bonita.*
c) *Con la hacha cortó el árbol.*
d) *No se dice de esta agua no beberé.*

17. ¿En qué oración aparece el c. directo antepuesto?

a) *A Juan le vimos ayer.*
b) *A mí me gustan los pasteles.*
c) *No te preocupas de nada.*
d) *A nadie digas los secretos de familia.*

18. Señalar qué enunciado oracional tiene el sujeto omitido:

a) *Nadie sabía esa noticia.*
b) *A todos os daremos la recompensa.*
b) *Le duelen a mi hermano frecuentemente las muelas.*
c) *No se ha perdido ningún tesoro.*

19. Indicar en qué oración aparece un error de concordancia:

a) *Esta aula es pequeña.*
b) *Hoy tengo mucha hambre.*
c) *El harina que compramos era cara.*
d) *Esa agua sabe muy bien.*

20. ¿En qué oración aparece un pronombre redundante?

a) *No le llamaré mañana.*
b) *A los niños les dejé con tu hermana.*
c) *Diles que no vengan.*
d) *No les deis un susto.*

CAPÍTULO 3

LAS FUNCIONES SINTÁCTICAS

3.1. CATEGORÍAS GRAMATICALES Y FUNCIONES SINTÁCTICAS

Una de las dificultades tradicionales añadidas que encuentran los estudiosos en los ejercicios de sintaxis, es la falta de precisión y de delimitación de las unidades lingüísticas como categorías gramaticales y como funciones sintácticas.

La combinación de ambas nociones en el mismo ejercicio gramatical, como es frecuente en muchos de los manuales de gramática, provoca entre los alumnos una gran confusión y desorientación.

Desde la experiencia didáctica, podemos observar cómo entre los estudiantes de los niveles medios de enseñanza, fundamentalmente, la no distinción de ambas nociones ha motivado confusiones y errores de consideración. Así, es frecuente ver cómo no se diferencian en un momento puntual de los ejercicios de análisis los conceptos de adjetivo y de adyacente o los de adjetivo y atributo; por hacer referencia a algunas de las confusiones frecuentes.

Se observa también cómo no siempre se sabe cuándo deben analizarse las categorías gramaticales (el tradicional análisis morfológico), y cuándo las relaciones que estas categorías presentan, o sea, las funciones sintácticas, que son el objeto de estudio de este trabajo.

Por *funciones sintácticas* entendemos los diferentes papeles que desempeñan las palabras de una frase u oración al entrar en relación con las otras palabras: *Juan come en casa: Juan,* sujeto de *come; en casa,* complemento circunstancial de la forma verbal.

Denominamos categorías gramaticales a cada una de las unidades (tradicionalmente, *partes de la oración o clases de palabras:* nombre, adjetivo, verbo, adverbio...) que vienen determinadas por su naturaleza lingüística, y que son objeto de estudio de la Morfología.

3.2. LAS FUNCIONES SINTÁCTICAS EN LA ORACIÓN

Los análisis que parten de la oración como unidad sintáctica deben permitir determinar con precisión las distintas funciones que la forman en cuanto unidad lingüística.

Con todo, en la realización de los ejercicios caben formas de presentación diferenciadas (según la escuela o corriente lingüística que se aplique) sin que varíe esencialmente el análisis sintáctico.

Así, es frecuente observar en los manuales cómo se parte de los constituyentes básicos de la oración: sujeto y predicado, donde se incluyen las distintas funciones sintácticas agrupándolas como complementos del sujeto y como complementos del predicado; por ejemplo:

<u>   sujeto   </u>   <u>   predicado   </u>
El novio <u>de mi hermana</u>   tiene <u>un ordenador.</u>
        c. del nombr.   c. directo

En nuestro trabajo, y por razones de concisión y sencillez, nos limitamos a precisar y señalar directamente las funciones sintácticas básicas de las unidades sin agruparlas en los bloques oracionales más amplios.

<u>El novio</u> <u>de mi hermana</u> <u>tiene</u> <u>un ordenador</u>.
    suj.   c. del nomb.   ver.   c. directo

Estas funciones, además de la función de *verbo* (la función verbal, que siempre aparece en el predicado), quedan agrupadas para su estudio en tres apartados:

a) *Funciones fundamentales o primarias:* Son las funciones sintácticas que afectan a toda la oración:

— La función de sujeto: **El Presidente** *vive en Madrid.*

— La función de atributo: *El abuelo está feliz.*
— La función de complemento directo: *Mi hermana escribe **cartas** a sus amigas.*
— La función de complemento indirecto: *Antonio dio un abrazo **a su padre.***
— La función de complemento circunstancial: *Todos trabajan **con ilusión.***

b) *Funciones secundarias:* No afectan a toda la oración, sino a una de las funciones de la oración:

— La función de complemento del nombre: *El sobrino **de mi hermano** es arquitecto.*
— La función de aposición: *Cervantes, **novelista famoso,** nació en Alcalá de Henares.*

c) *Función terciaria:* No es propiamente función oracional, ni se refiere a una de las funciones de la oración; es el vocativo, que tiene sólo función señalativa o apelativa:

— La función de vocativo: *Dime tú, **niño**, cómo te llamas.*

EJERCICIOS

a) . Señalar si son funciones primarias, secundarias o terciarias las que siguen, y razonar su uso.

1. *A los padres les preocupan las actuaciones de sus hijos.*
2. *En la ciudad de Tordesillas se firmaron muchos tratados de gran significación histórica.*
3. *Debes explicarme tú, Juan, la solución del problema.*
4. *Delibes, escritor contemporáneo, es vallisoletano.*
5. *El gordo de la lotería de este año ha caído en un pueblecito de Alicante.*

3.3. LA FUNCIÓN DE SUJETO

El sujeto es la función que utilizamos para expresar de quién o de
qué se dice algo a través del predicado:

el árbol
la cuchara
Se ha caído   la mesa
la tiza
el niño
mi hermana

Es la función básica y más importante del nombre, del sustantivo.
Por ello, en algunas gramáticas se utiliza generalmente el término "sintagma nominal" para referirse a la función de sujeto, sin tener en cuenta
que el sintagma nominal puede desempeñar también otras funciones sintácticas: c. directo, c. indirecto, c. circunstancial...

El sujeto ha de ser siempre un sustantivo o una forma léxica equivalente:

— Sustantivo: *los **alumnos** corren en el patio.*
— Pronombre: ***ella** viene conmigo.*
— Adjetivo sustantivado: ***los ágiles** corren velozmente.*
— Infinitivo: ***vivir** es una virtud.*
— Proposición sustantiva: ***que seas feliz** me agrada.*
— Cualquier forma léxica usada en metalenguaje: ***fue** es un verbo.*

El sujeto no lleva preposición: *En mi casa **todos** comen con mode-
ración.*

Sólo en algunos usos pueden aparecer sujetos con formas preposi-
tivas; pero son formas gramaticalizadas que se utilizan como expresión
de distintos matices significativos, y que han perdido su valor preposicional. Así ocurre en usos como:

***Pilar y yo** hacemos el trabajo/**entre Pilar y yo** hacemos el trabajo*
(entre los dos).
*Han suspendido **veinte alumnos** en esta evaluación/**hasta veinte
alumnos** han suspendido en esta evaluación* (número alto de
suspensos).

Han aprobado **diez alumnos/alrededor de diez alumnos** *han aprobado* (número aproximado de alumnos).

EJERCICIOS:

a) Señala los sujetos que aparecen en las frases que siguen:

1. *Todos los alumnos sabían la solución del problema.*
2. *Ayer durante el partido se lesionó Butragueño.*
3. *A mi hermano le gustan los pasteles.*
4. *En algunos balcones crecen flores.*
5. *Se ha caído el cuadro de mi habitación.*
6. *Ayer me dolieron las muelas.*
7. *A mis vecinos les molesta el ruido de mi máquina de escribir.*
8. *Las buenas noticias las conocen todos.*
9. *En este momento eso es interesante.*

3.3.1. MÉTODOS PARA RECONOCER LA FUNCIÓN DE SUJETO

Es casi general el uso del método semántico en los manuales de gramática y entre los profesores para destacar la función de sujeto: "preguntar *quién* o *qué* al verbo."

La pregunta *quién* sólo es válida cuando el sujeto es una persona:

El niño se ha caído/¿quién se ha caído?/**el niño** (sujeto).
Mis hijos juegan al ajedrez/¿quiénes juegan?/**mis hijos** (sujeto).

Cuando el sujeto es de cosa, la pregunta es *qué:*

Se ha caído la mesa/¿qué se ha caído?/**la mesa** (sujeto).
Se venden pegatinas/¿qué se venden? **pegatinas** (sujeto).

Pero la pregunta *qué* nos sirve también para destacar la función del complemento directo; así:

Me agrada tu felicidad/¿qué me agrada?/**tu felicidad** (sujeto).
Yo deseo tu felicidad/¿qué deseo? /*tu felicidad* (c. directo).

Y es esta coincidencia de funciones la que hace que este método no sea más que un recurso pedagógico provisional e incompleto. Por ello, y como no nos sirve como indicador sintáctico definitivo, hemos de acudir al único método fiable —junto al hecho de que el sujeto generalmente no lleva preposición, por lo que podemos excluir de esta función, en principio, todos los sintagmas preposicionales— que es *el método de la concordancia:* si al cambiar el número del verbo cambia el número del sustantivo, este sustantivo funciona como sujeto:

Yo *deseo tu aprobado*/*deseamos tu aprobado* **nosotros.**
Me alegra **tu aprobado**/*me alegran* **tus aprobados.**

EJERCICIOS:

a) Explicar por qué los sintagmas que aparecen subrayados no pueden ser sujeto:

1. *A mi compañero le huelen los calcetines.*
2. *A todos nos gustan las novelas policiacas.*
3. *Mañana viajarán los jugadores en tren.*
4. *Había muchos espectadores en el campo.*
5. *En el suelo hay papeles.*
6. *A algún jugador le silban los espectadores.*

b) Cambiar el número de las formas verbales que aparecen, y comprobar cómo los sintagmas que funcionan como sujetos siguen la misma variación:

1. *Ayer vino de América mi hermano.*
2. *Nunca serán agradables las guerras para los bien nacidos.*
3. *Le sangraba el ojo al boxeador.*
4. *A todos nos interesa tu éxito.*
5. *En la amistad los enemigos no encuentran sosiego.*
6. *A mí sí me interesa tu bienestar, hijo.*

3.3.2. CLASES DE SUJETO

Aquí, en nuestro trabajo, sólo anotamos una aproximación de las clasificaciones más representativas de los distintos tipos de sujeto según los criterios más generales que se aplican. Por tanto, no pretendemos agotar todas las posibilidades de clasificación, sino sólo anotar un muestrario de las más significativas:

a) *Según su relación oracional:* sujeto gramatical y sujeto lógico.

• *El sujeto gramatical:* es el sujeto sintáctico, de quien o de los que se dice el predicado, y que concuerda con el verbo en número y persona:

El Real Madrid *será campeón de liga.*
Mis hermanos *son apreciados por todos sus amigos.*

• *El sujeto lógico:* viene a coincidir con el actor en torno al cual gira la acción expresada en el predicado; puede coincidir o no con el sujeto gramatical:

Antonio *juega al ajedrez.*
Este cuadro fue pintado por **Dalí.**
Se hacen fotocopias (sujeto lógico, **los que hacen las fotocopias**).

b) *Según su función significativa:* agente, paciente, seudoagente y causativo.

• *Sujeto agente:* cuando realiza la acción verbal:

Zamorano *juega al fútbol.*

• *Sujeto paciente:* cuando no realiza la acción, sino que la recibe o padece:

Pili y su novio *son apreciados por todos sus amigos.*
Se hacen **fotocopias.**

• *Sujeto seudoagente:* cuando es aparentemente agente, pero significativamente paciente:

> ***Mi hermano** arregló ayer el coche* (lo arregló el mecánico).
> ***Mi madre** se ha cortado el pelo* (se lo cortó el peluquero).

• *Sujeto causativo:* cuando el sujeto es la causa mediata, pero no el agente inmediato de la acción:

> ***Felipe II** construyó la catedral de Valladolid* (sólo la mandó construir).

c) *Según su formación:* simple, compuesto y múltiple:

• Sujeto simple: está formado por un solo núcleo:

> ***El niño** llora.*

• *Sujeto complejo:* cuando aparecen junto al núcleo otras funciones secundarias:

> ***La sobrina de mi hermano** es muy hermosa.*
> ***Antonio, el hijo de Pilar,** es arquitecto.*

• *Sujeto múltiple:* es el que está formado por dos o más núcleos:

> ***Juan y Antonio** trabajan juntos.*

EJERCICIOS

a) Señalar el sujeto lógico y el sujeto gramatical en las frases que siguen:

1. *A mi hermano le ayudaron los vecinos.*
2. *Los bocadillos se venden en el bar.*
3. *Al padre le preocupaban las notas de sus hijos.*
4. *Se veían anuncios por todas partes.*
5. *Esos libros hay que comprarlos en aquella librería.*
6. *A todos les importa su destino.*
7. *Las buenas noticias las conocen todos.*

b) Indicar cómo son los sujetos que siguen según su formación:

1. *El hijo de mi vecina es torero.*

2. *Al camarero se le cayeron al suelo todos los tenedores y todos los cuchillos.*
3. *Vosotros haréis todo el trabajo.*
4. *Ángel y María se miraban en el espejo.*
5. *Debes comprar tú, Juan, los libros y los cuadernos de clase.*
6. *A las cinco de la tarde llega el avión de Iberia.*

3.4. LA FUNCIÓN DE ATRIBUTO

Es el elemento que usamos para expresar la identificación que hacemos del sujeto a través de un verbo atributivo o copulativo (ser y estar):

*El niño es **travieso**/niño = travieso.*
*Mi novia es **modista**/novia = modista.*

Con la función de atributo expresamos, por tanto, las cualidades del sujeto:

*Antonio es **madrileño**.*
*Mi padre ya no es **fumador**.*

El atributo no es una función exclusiva del sustantivo; también otras formas léxicas pueden representar la función de atributo:

— Un adjetivo: *el niño está **feliz**.*
— Un pronombre: *mi hombre es **aquél**.*
— Un adverbio calificativo: *mi hermano es **así**.*
— Una proposición sustantiva o sustantivada: *Juan es **el que habla**.*
— Un infinitivo: *eso es **fumar**.*

Algunos gramáticos incluyen también entre las distintas formas de atributo las *"locuciones o frases atributivas"* :

*Antonio es **de Madrid**.*
*La mesa es **de metal**.*

Pero estas construcciones no son propiamente atributos, sino sintagmas preposicionales con forma de complemento circunstancial: *Antonio es de Madrid; la mesa es de madera*, que coinciden con otras variantes reales o irreales de expresiones de atributo. Así:

*La mesa es de metal = es **metálica**.*
*Antonio es de Madrid = es **madrileño**.*
*La estantería es de madera = es *"**maderosa**".*

EJERCICIOS

a) Indicar cuáles son los atributos que aparecen:

1. *Ésta es mi hija pequeña.*
2. *Su hermano es jugador de fútbol.*
3. *El Real Madrid es el mejor equipo de España.*
4. *El ladrón debía de ser muy listo.*
5. *Mis hijos son así.*
6. *Ellos y vosotros sois el futuro del país.*
7. *En los exámenes, los alumnos están nerviosos.*

b) Sustituye las frases atributivas por una forma léxica que funcione como atributo:

1. *Los niños son del país vecino.*
2. *La mesa era de color blanco.*
3. *Todos los alumnos estaban en Babia.*
4. *Algunos aros eran de plástico y otros de metal.*

3.5. LA FUNCIÓN DE COMPLEMENTO DIRECTO

El *complemento directo* es la función que se utiliza para expresar lo que se dice del sujeto a través del verbo: *Juan ha escrito **un poema**; el mecánico arregló **el coche**; mi padre ha visto **a tu hermano**,* e indicar, asimismo, el término del proceso o acción verbal de los verbos transitivos, cuya significación es vaga e imprecisa: *Juan come ¿...?* = **pipas, caramelos, hamburguesas, ajetes, plátanos, berenjenas, platos combinados...**

El complemento directo es una de las funciones básicas del sustantivo y una de las más frecuentes en el uso de la lengua; pero no siempre es una categoría precisa, sino que a veces resulta difícil delimitarla con precisión.

Así, coincide en algunos usos formalmente con la función de complemento indirecto; los sintagmas *a Juan y a sus hijos* pueden aparecer en distintos hechos de comunicación como complementos directos o como complementos indirectos:

*El profesor suspendió **a Juan**.*
c.d.

*El profesor suspendió **las matemáticas** a Juan.*
c.d.   c.i.

*El padre ama **a sus hijos**.*
c.d.

*El padre da **su amor** a sus hijos.*
c.d   c.i.

Esta coincidencia formal sólo se da cuando el complemento directo es de persona y lleva la preposición *a,* marca característica, asimismo, del complemento indirecto.

A veces, esta identidad formal causa equívocos en la expresión lingüística. Así, en *Juan presentó a su amigo a su novia,* nos es difícil precisar cuál de los dos sintagmas representa la función de complemento directo.

Con todo, y a pesar de la posible confusión, el idioma presenta recursos para la diferenciación; en este caso, por ejemplo, el complemento directo es el que aparece colocado más cerca del verbo:

*Juan presentó **a su amigo** a su novia.*
c.d.   c.i.

Por otra parte, en algunos usos lingüísticos, la función de complemento directo está semánticamente próxima a la función de complemento circunstancial.

Así ocurre, por ejemplo, en las frases que siguen:

*Juan piensa **eso**/Juan piensa en eso.*
c.d.   c.c.

*Luis cree **tu verdad**/Luis cree en tu verdad.*
         c.d.   c.c.

En estas frases nos es difícil precisar la diferencia de significado, aunque la diferencia formal sea clara: el complemento directo no admite el uso de las preposiciones *en* y *de*.

Algunos gramáticos utilizan el término de suplemento para este tipo de complementos circunstanciales (véase § 3.11.1).

EJERCICIOS:

a) Indicar si los sintagmas subrayados funcionan como sujeto o como complemento directo:

1. *Yo prefiero <u>un refresco</u>.*
2. *Ayer me sacaron <u>una muela</u>.*
3. *Me gustan las <u>bebidas refrescantes</u>.*
4. *Ayer me dolió mucho <u>una mano</u>.*
5. *Se ha caído <u>el regalo de Juan</u>.*
6. *A Juan le han dado <u>un regalo</u>.*
7. *Hay <u>libros</u> en la mesa del profesor.*
8. *En la papelería de mi prima también venden <u>libros</u>.*

b) Completa las oraciones que siguen con diversos complementos, y subraya aquellos que sean complementos directos:

Ejemplo:

Ayer encontramos..../ayer encontramos a tu novio en el parque.
                                       c.d.

1. *El otro día trajeron...*
2. *Ese bolígrafo mancha.......................................*
3. *El lunes haremos...*
4. *Arregla..*
5. *Nuestros amigos compraron.................................*
6. *Delibes ha escrito..*
7. *Juan pidió..*

3.5.1. EL USO DE LA PREPOSICIÓN *A* CON EL COMPLEMENTO DIRECTO DE PERSONA

El uso de la preposición *a* con complemento directo de persona es uno de los rasgos propios y característicos de nuestra lengua, y uno de los rasgos que la diferencian de las lenguas de nuestro entorno.

Así, mientras que en inglés y en francés se dice, respectivamente, *I love John/J'aime Jean,* en nuestro idioma la forma de expresión es: *yo amo a Juan.*

Este uso de la preposición *a* con complementos directos que designan persona (que es el único uso preposicional que admite el complemento directo), está generalizado desde el siglo XVII en nuestra lengua.

Esta marca de la preposición *a* se ha generalizado debido al hecho de que el orden de colocación de los elementos de la oración (véase § 2.7) es libre en nuestra lengua, por lo que es necesario, a veces, marcar qué elemento sintáctico no es el sujeto oracional.

Así, en *el hijo ama el padre,* tanto el *hijo* como el *padre* podrían ser considerados sujetos de la oración. La confusión se evita colocando la marca preposicional al sintagma que no funciona como sujeto: *al hijo ama el padre/al padre ama el hijo.*

Otras veces, el uso de la preposición *a* responde a criterios significativos y estilísticos de difícil precisión.

Asimismo, no siempre aparece el complemento directo de persona con la preposición *a;* ello ocurre generalmente cuando el complemento directo tiene una significación imprecisa o indeterminada:

> *Busco al médico/busco médico.*
> *Veo a los niños en el patio/veo niños en el patio.*

Por el contrario, y sólo en usos aislados, pueden aparecer complementos directos de cosa precedidos de la preposición *a.* Ello ocurre cuando el complemento directo está de alguna forma personificado:

> *Los poetas cantan a la vida/cantan la vida.*
> *Los filósofos buscan a la verdad/buscan la verdad.*

EJERCICIOS:

a)   Los sintagmas preposicionales con *a* que aparecen pueden ser complementos directos, indirectos y circunstanciales; señalar los que sean complementos directos:

1. *No digáis el secreto a nadie.*
2. *A la salida te diré la nueva noticia.*
3. *Los delegados eligieron a mi hermano para el cargo.*
4. *A mi mujer le gustan las rosas rojas.*
5. *No vimos a nadie en el patio.*
6. *A las tres de la mañana llegaron los novios.*
7. *A todos nos interesan las noticias nuevas.*
8. *Daremos a todos la enhorabuena.*
9. *Llegaremos a todos los lugares señalados.*
10. *A mí me han felicitado todos.*

b)   Indicar en cuáles de las siguientes oraciones se emplea errónea-mente la preposición *a* con complemento directo:

1. *A mi primo y a mí nos mojaron en la fiesta.*
2. *A las plantas las tuve que regar la semana pasada.*
3. *Se ha distribuido a los alumnos por especialidades.*
4. *Se ve a los jugadores en el campo.*
5. *No asustes más veces al gato, niño.*
6. *Mañana recogerás al paquete en la estación.*
7. *¿Has puesto ya a los cuadros en su sitio?*
8. *Al interés lo supera la virtud.*

3.5.2. MÉTODOS PARA RECONOCER EL COMPLEMENTO DIRECTO

En la enseñanza de la lengua aparecen diversos métodos que, como pau-tas pedagógicas, intentan facilitar el análisis del complemento directo; pero, por la complejidad que presenta esta función, estos métodos carecen a veces de rigor lingüístico, y otras presentan ambigüedad o confusión. Entre ellos:

a) *Método semántico:* Consiste en preguntar *qué* o *a quién* al verbo:

Juan ha visto un ovni/¿qué ha visto?/**un ovni.**
Juan ha visto a su amigo/¿a quién ha visto?/**a su amigo.**

Pero este método no nos sirve como pauta de distinción de funciones, ni nos ayuda a evitar las posibles confusiones o semejanzas formales en el uso lingüístico, ya que las preguntas *¿qué?*/*¿a quién?* en otros usos responden también a las funciones de sujeto y de complemento indirecto, respectivamente:

Se ha caído la Casa Blanca/¿qué?/**la Casa Blanca.**

suj.

He visto la Casa Blanca/¿qué?/**la Casa Blanca.**

c.d.

Se lo ha dado a Luis/¿a quién?/**a Luis.**

c.i.

Han detenido a Luis/¿a quién?/**a Luis.**

c.d.

b) *Método de la transformación en voz pasiva:*

Dado que las oraciones pasivas no son más que oraciones activas transitivas transformadas, la expresión en voz pasiva nos permite constatar que el sujeto pasivo era el complemento directo en la oración transitiva:

Juan estudia la lección/la lección es estudiada por Juan.

Con todo, este método, que es válido como recurso lingüístico y pedagógico, no siempre es útil para el hablante, ya que la voz pasiva presenta limitaciones formales y, además, es de escasa utilización en el uso de la lengua, por lo que los hablantes no están acostumbrados a este tipo de estructura:

*El profesor ha suspendido **al alumno**/el alumno ha sido suspendido por el profesor.*

Los alumnos comen **bocadillos** /*los bocadillos son comidos por los alumnos.*

El niño tiene **hambre**/¿¿¿*el hambre es tenida por el niño???*

c) *Método de la sustitución pronominal:*

El uso etimológico de las formas pronominales átonas de tercera persona que funcionan como objeto (complemento directo y complemento indirecto) presenta el siguiente esquema, que es sencillo y de fácil comprensión:

Complemento directo: *lo, la, lo   los, las*
                        singular   plural

Complemento indirecto: *le   les*
                       singular   plural

Por ello, la aplicación correcta de este método nos permite distinguir de forma clara las funciones de complemento directo e indirecto. Así:

El vecino compró **un coche**/**lo** *compró.*
                  c.d.

El vecino compró un coche **a su hijo**/**le** *compró un coche.*
                      c.i.

Pero en el uso lingüístico este esquema etimológico no siempre se da, sino que, por el contrario, aparecen frecuentes usos no etimológicos: normativos unos y no normativos otros, que dificultan o hacen inservible este método de la sustitución pronominal.

Nos referimos a los usos de *leísmo, laísmo* y *loísmo,* que aparecen anotados más abajo.

Ejercicios:

a)   Sustituir los complemementos directos por un pronombre personal:

   1.   *No hemos entendido tus explicaciones.*
   2.   *Vimos a tu hermana en el supermercado.*

3. *Ayer el Real Madrid ganó una nueva copa de Europa.*
4. *En mi pueblo han construido un nuevo pabellón de deportes.*
5. *Mañana daremos los premios a los galardonados.*

b) Comprobar si las formas pronominales son o no complemento directo; para ello, utilizar el método de la transformación en pasiva:

1. *El profesor <u>nos</u> observa atentamente.*
2. *<u>Nos</u> miraron las manos a la entrada.*
3. *A todos <u>os</u> daremos un galardón.*
4. *No <u>me</u> mires tanto, hombre.*
5. *Ayer <u>nos</u> dieron esa triste noticia.*
6. *<u>Nos</u> enviarán a todos al campo.*

3.5.2.1. El leísmo

El *leísmo* es la utilización del pronombre *le/les* como complemento directo:

> *Juan vio a su padre/le vio* (leísmo correcto).
> *Juan vio a su madre/le vio* (leísmo incorrecto).
> *Juan vio el coche/le vio* (leísmo incorrecto).

El leísmo no es un fenómeno nuevo, sino que se da desde antiguo; desde los siglos XVI y XVII es frecuente el leísmo en la lengua de Castilla.

En la actualidad, es muy frecuente en la zona central de la península Ibérica, y se va generalizando su uso en la producción literaria hispanoamericana; en cambio, en la lengua hablada de Navarra, Andalucía y América se rechaza el uso del leísmo y se prefiere el uso de las formas etimológicas.

La Academia sólo admite como normativo el uso del leísmo referido a personas en masculino y singular, y rechaza los otros usos de *le/les* como complemento directo por incorrectos:

> *María vio a Juan /María le vio* (leísmo permitido).
> *María vio a Luisa/María le vio* (leísmo no permitido).
> *Luisa vio un árbol/Luisa le vio* (leísmo no permitido).

*Luisa vio a los niños/Luisa **les** vio* (leísmo no permitido por la Real Academia aunque su uso está muy extendido).

EJERCICIOS:

a)   Señalar los casos de leísmo que aparecen e indicar cuáles son incorrectos:

1.   *A tu padre le vi ayer en el fútbol.*
2.   *No le digas eso a tu novio.*
3.   *Ese mueble le compramos en El Corte Inglés.*
4.   *A tu madre y a tu novia les vimos ayer.*
5.   *Pero a tus hermanos no les vimos.*
6.   *Coge ese balón y dámele.*
7.   *Al director le encontramos ayer en el supermercado.*

3.5.2.2. El laísmo

El *laísmo* es la utilización del pronombre *la/las* como complemento indirecto:

*Antonio escribió un poema a su mujer/***la** *escribió un poema.*
*El reo pidió perdón a las afectadas/***las** *pidió perdón.*

Su uso es muy frecuente en el habla popular, e incluso en el habla culta y en la lengua literaria en Madrid y Castilla, pero no ha logrado consolidarse como fenómeno lingüístico en el uso general, por lo que su utilización es criticada y desaprobada por la Real Academia, que lo considera incorrecto.

EJERCICIOS:

a)   Señalar y corregir los casos de laísmo que puedan aparecer en las frases que siguen:

1. *Lávate las manos y luego sécatelas.*
2. *No las digas nada todavía.*
3. *Ayer las vieron en el cine.*
4. *Las compraremos a tus amigas el regalo.*
5. *Dila a tu madre que la llamaremos más tarde.*
6. *Ayer no la encontré, pero mañana la pagaré a usted la deuda.*

3.5.2.3. El loísmo

El *loísmo* es la utilización del pronombre *lo/los* como complemento indirecto:

> *Juan dio un abrazo a sus amigos/*los dio un abrazo.*
> *Antonio dio un susto a su abuelo/*lo dio un susto.*

Es un fenómeno poco extendido; se da en algunas zonas de la Meseta de Castilla y en Madrid, pero su utilización es siempre incorrecta y, además, resulta vulgar.

EJERCICIOS:

a)   Señalar y corregir los usos de loísmo que puedan aparecer:

1. *Ayer vimos a tu padre y lo dimos el encargo.*
2. *No los digas los secretos a tus amigos.*
3. *A mi vecino lo atropelló un coche y lo rompió una pierna.*
4. *A todos los daremos su merecido.*
5. *Si los ves, comunícalos rápidamente la noticia.*

3.6. LA FUNCIÓN DE COMPLEMENTO INDIRECTO

El *complemento indirecto* es la función sintáctica que indica la persona o cosa personificada que recibe el beneficio, provecho, daño o perjuicio de la acción verbal expresada:

*El orador dirigió unas palabras **a los asistentes.***
*El campeón dio muchos golpes **al contrincante.***

Formalmente, el complemento indirecto va precedido de las preposiciones *a* o *para:*

*Traje un libro **a tu amigo.***
*Traje un libro **para tu amigo.***

La determinación y precisión de la función de complemento indirecto no siempre es clara. En el apartado anterior hemos comentado la coincidencia formal que presenta el complemento directo y el indirecto en algunos usos lingüísticos, y los equívocos a que dan lugar los usos correctos/incorrectos de los pronombres personales *le/la* en el método de la sustitución pronominal.

Por otra parte, anotamos también la coincidencia formal que a veces presentan el complemento indirecto y el complemento circunstancial:

*Antonio dio una patada **al perro.***
c.i.

Antonio dio una patada a una piedra.
c.c.

El sintagma *a una piedra* no lo vemos como complemento indirecto (a pesar de que admite, incluso, la sustitución pronominal: *Antonio le dio una patada*), sino como complemento circunstancial, ya que expresa el lugar a donde Antonio dio la patada, y no el "sufrimiento de la piedra", que es insensible y no es susceptible de recibir ni provecho ni daño de la acción verbal expresada.

EJERCICIOS:

a) Señalar los complementos indirectos que aparecen en las oraciones siguientes:

1. *Besó la mano a la señora elegantemente.*
2. *Pilar guardaba los pasteles para su hermano.*

3. *No des más caramelos a los niños.*
4. *Ayer eligieron mis hijos el regalo para su madre.*
5. *Ya hemos comprado el ordenador compatible a papá.*
6. *El capitán dio permiso a mi hermano para la boda.*

b) Indicar si son complementos directos o indirectos los sintagmas preposicionales que van introducidos por la preposición *a:*

1. *A nadie le amarga un dulce.*
2. *A nosotros nunca nos llama el director.*
3. *A ellos no debemos echarles la culpa.*
4. *Todos apreciaban a los tres amigos desaparecidos.*
5. *Coméntaselo a todos tus vecinos.*
6. *Tenemos que escribir a vuestro abuelo.*
7. *No olvidéis nunca a los seres queridos.*

c) Señalar si las formas pronominales *le/les* funcionan en estas oraciones como complementos directos o como complementos indirectos:

1. *Se les nota la intención de dimitir.*
2. *¡Mírele, qué guapo!*
3. *No les molestes más a mis hijos.*
4. *Invítales a tus amigos a café.*
5. *Les han prohibido que vengan con nosotros.*
6. *A estos dos ladrones no les encierre todavía.*
7. *No les abandonaré jamás.*

3.7. LA FUNCIÓN DE COMPLEMENTO CIRCUNSTANCIAL

El *complemento circunstancial* es la función oracional que indica en qué circunstancias (lugar, tiempo, modo, cantidad...) se desarrolla la acción verbal:

Antonio trabaja **en Soria/todos los días/con ilusión/cinco horas diarias/con sus hijos/en el instituto...**

El complemento circunstancial puede llevar cualquiera de las preposiciones, pero puede aparecer también sin preposición:

Todos los días *viajan **en tren** mis hijos.*

Por la diversidad de valores que puede presentar y por admitir el uso de todas las preposiciones, el complemento circunstancial es una categoría funcional que nos sirve de "cajón de sastre", donde incluimos la mayoría de los complementos de difícil categorización. Así:

El niño piensa eso/el niño piensa en eso.
     c.d.   c.c./suplemento

Antonio es madrileño/Antonio es de Madrid.
     atributo   c.c./frase atributiva

EJERCICIOS:

a) Señalar los complementos circunstanciales que aparecen en las frases que siguen:

1. *Lo hacen con frecuencia.*
2. *Toca con todos los dedos el piano.*
3. *Tú no vendrás con nosotros.*
4. *Viene todos los primeros viernes de Cuaresma.*
5. *Estos zapatos costaron siete mil doscientas veinticinco pesetas.*
6. *Hemos arreglado la rueda con tus herramientas.*
7. *Todos los días del año hace los mismos ejercicios.*
8. *Comían en el mismo plato todos los miembros de la familia.*

b) Escribir ejemplos de complemento circunstancial que vayan introducidos con cada una de las siguientes preposiciones propias (Ejemplo: con: *iré con Juan*):

bajo... ....
cabe...
contra..

hacia..

para...

según...

sin..

so...

sobre..

3.8. LA FUNCIÓN DE COMPLEMENTO DEL NOMBRE

Llamamos *complemento del nombre* a la función que está representada por un nombre que complementa a otro nombre:

> *El coche **de mi padre** es automático.*

El complemento del nombre lleva siempre preposición; la preposición más usada es la preposición *de: libro **de lengua;** hoja **de papel**...,* pero pueden aparecer asimismo otras preposiciones:

> *Cuaderno **para matemáticas.***
> *Café **con leche.***
> *Fresas **sin azúcar.***
> *Evangelio **según San Mateo.***
> *Vestido **a rayas.***

También el complemento del nombre puede referirse y complementar a un adjetivo referido a un nombre:

> *Limpio **de corazón.***
> *Apto **para el estudio.***
> *Experto **en informática.***
> *Ancho **de espalda.***

EJERCICIOS:

a)   Señalar los sintagmas preposicionales que aparecen subrayados y precisar si funcionan como complemento circunstancial o como complemento del nombre.

1. *Casa <u>con dos puertas</u> mala es de guardar.*
2. *No guardes los cuadernos <u>con las gafas</u>.*
3. *Las penas, <u>con pan</u> son menos.*
4. *Se han llevado al vecino <u>del quinto</u>.*
5. *Lleva un vestido <u>con bolsillos rojos</u>.*
6. *El traje lo confeccionó <u>con tela fina</u>.*
7. *La escalera <u>de caracol</u> llega hasta la buhardilla.*
8. *Obtuvo el cargo <u>por sus propios méritos</u>.*
9. *Mi hija es experta <u>en matemáticas</u>.*
10. *Han construido un hotel <u>de cinco estrellas</u>.*
11. *He comprado dos cerraduras <u>con anillas</u>.*

b)   Construir sintagmas que funcionen como complementos del nombre y que vayan precedidos de las preposiciones que siguen:

a, de, con, para, sin y *según.*

3.9. LA FUNCIÓN DE APOSICIÓN

La *aposición* es la función que está representada por un sustantivo que complementa a otro sustantivo al que va apuesto: no lleva preposición:

> *Juan,* **mi hermano,** *es generoso.*
> *Madrid* **ciudad** *me gusta más que Madrid* **provincia.**

Según el valor funcional y significativo, podemos distinguir dos tipos de aposición: especificativa y explicativa.

La *aposición especificativa* determina y precisa el significado del sustantivo al que complementa. El sustantivo apuesto va unido directamente al sustantivo, sin pausas de entonación ni comas en la escritura; significativamente, no se puede suprimir sin que varíe el significado oracional:

> *Vivo en Madrid* **capital.**
> *El río* **Pisuerga** *pasa por mi pueblo.*

La *aposición explicativa* sólo añade al sustantivo al que se refiere una nota ornamental y referencial que significativamente puede suprimirse sin alterar el significado oracional; va separada por pausas y comas en la escritura:

> *Delibes, **novelista famoso**, nació en Valladolid.*
> *Antonio, **mi hermano**, trabaja en Madrid.*

EJERCICIOS:

a) Indicar si los sintagmas que aparecen subrayados funcionan como complemento del nombre o como aposición:

1. *Llamaron a declarar a tu hermano Antonio.*
2. *El aire de muchas ciudades está contaminado.*
3. *El reloj Omega es de oro.*
4. *Yo, el pirata fanfarrón, te entrego este tesoro.*
5. *Me regalaron un reloj de cocina.*
6. *Nosotros, los Pérez, somos buenas personas.*
7. *Se ahogó en el río Duero.*

b) Señalar las aposiciones que aparecen e indicar si son especificativas o explicativas:

1. *Miguel, el director, abrió la sesión.*
2. *El perro lobo es famoso por su fiereza.*
3. *Su hijo, abogado famoso, presentó el caso a la prensa.*
4. *Tiene en casa una silla estilo Renacimiento.*
5. *Los montes Torozos están en Castilla.*
6. *Mi hermano Federico es cazador.*
7. *El golf, deporte de ricos, no me gusta.*

3.10. LA FUNCIÓN DE VOCATIVO

El *vocativo* no es propiamente una función oracional, sino que es una forma lingüística que se usa con valor apelativo o exclamativo:

> *Niño, ven aquí.*

¡*Juan!*
¡*Cállate*, **María***!*

El vocativo puede aparecer dentro del enunciado oracional, o aislado. Cuando aparece dentro del enunciado oracional, va entre comas y tiene una función apelativa o señalativa:

Dime tú, **hija,** *qué has hecho.*
Luis, *ven ahora mismo.*

Cuando va aislado, fuera del enunciado oracional, suele ir marcado con los signos de exclamación, y adquiere valor exclamativo, de llamada o de sorpresa:

¡**Madre mía!**
¡**Niño!**

EJERCICIOS:

a) Señalar los vocativos que siguen y explicar su valor significativo apelativo o de llamada:

1. *Venid, niños, conmigo.*
2. ¡*Madre mía!, hoy tengo examen de matemáticas.*
3. *Españoles, hoy será uno de los días importantes para todos vosotros.*
4. *Decidme vosotros, chicos, quién ha sido.*
5. *Te envío, amigo mío, este libro por correo.*
6. *Debéis saber, hermanos, que el fin del mundo está próximo.*
7. ¡*Santo Dios! ¿Qué habéis hecho?*

3.11. OTRAS FUNCIONES SINTÁCTICAS

El gran número de corrientes y de escuelas lingüísticas que han surgido a lo largo del siglo XX, y las innovaciones y avances dados en los estudios gramaticales, han motivado la proliferación de términos lingüísticos, que sin suponer avance alguno en muchas ocasiones, sí han contribuido a crear una vorágine terminológica que favorece muy poco la claridad expositiva y la enseñanza de los estudios sintácticos.

Con todo, la tendencia actual de los estudios gramaticales parece querer volver a la terminología sintáctica tradicional, y sólo en algunos casos se añaden nuevos términos que se consideran más precisos para referirse a algunas innovaciones que pueden ser más o menos significativas.

Así, y como ejemplo, citamos la terminología empleada por E. Alarcos Llorach para sustituir a los términos tradicionales de complemento directo, indirecto y complemento circunstancial. Alarcos utiliza:

— *Implemento,* para referirse al complemento directo:

*El profesor veía **a sus alumnos** en el patio.*
implemento (c.d.)

— *Complemento,* para referirse al complemento indirecto:

*Los padres hacen regalos **a sus hijos.***
complemento (c.i.)

— *Aditamento,* para referirse al complemento circunstancial:

*Antonio pasea **con su familia.***
aditamento (c.c.)

— *Suplemento,* para referirse a las funciones sintácticas que formalmente coinciden con el complemento circunstancial y semánticamente, con el complemento directo (en los análisis tradicionales es mucho más usado todavía el término de complemento circunstancial):

*Juan piensa eso/Juan piensa **en eso.***
c.d.   suplemento (c.c.)

Además, y sin hacer más extensa la lista de referencia de las innovaciones terminológicas (aunque podríamos hablar asimismo de los términos *"objeto de interés personal/objeto de interés no personal"*, en lugar de los tradicionales complemento directo e indirecto), debemos anotar otras funciones que no son más que variantes de las funciones sintácticas ya estudiadas; me refiero a las funciones *de suplemento, com-*

plemento agente, complemento predicativo, complementos de los complementos (sintagmas expandidos) y *sintagma preposicional*.

En nuestros ejercicios aparecen también los términos de *verbo*, para referirnos al núcleo del predicado, como ya ha quedado anotado más arriba, y el término de *adverbio* para marcar la función del complemento circunstancial que está representada por esta categoría lingüística.

Estos términos, aunque en sentido propio se emplean para hacer referencia a las categorías lingüísticas (tradicional análisis morfológico), son ya de uso frecuente en los ejercicios de sintaxis:

> *Los hijos de mi vecino llegan siempre a las diez de la noche.*
> verbo adverbio

3.11.1. LA FUNCIÓN DE SUPLEMENTO

Como queda anotado más arriba, el término de *suplemento* se utiliza para hacer referencia a la función sintáctica que aparece en algunos usos lingüísticos y que coincide semántica y formalmente con la función de c. directo y de c. circunstancial, respectivamente.

> *Todos pensamos esas cosas/todos pensamos **en esas cosas.***
>   c.d.   suplemento (c.c.)

Aunque es un término de creación reciente, cada vez aparece con mayor frecuencia, ya que en los usos de la lengua se dan a menudo algunos verbos que exigen como complemento (para precisar su significado y marcar el proceso de la acción verbal indicada) un sintagma preposicional, cuya forma no se corresponde con la del c. directo, que sólo admite la preposición *a,* y sólo en determinados usos:

> *Los hijos de mi vecina hablaban eso.*
>   c.d.

> *Los hijos de mi vecina hablaban **de eso.***
>   suplemento

Por otra parte, y aunque coincide con el complemento circunstancial, que es la función que se marca en muchos de los análisis sintácticos, es preferible la introducción del término suplemento, ya que así de alguna forma marcamos la diferencia significativa que estas funciones presentan respecto al complemento circunstancial, puesto que son funciones cuya presencia en el predicado no responde a una información añadida —como ocurre con el complemento circunstancial—, sino al objeto de la acción verbal:

Los niños pensaban eso el otro día.

c.d.

*Los niños hablaban **del otro día** en la fiesta.*

suplemento c.c.

EJERCICIOS:

a) Indicar si son complementos circunstanciales o suplementos los sintagmas preposicionales de las frases que siguen:

1. *Todos nos preocupamos de tu suerte.*
2. *Se lamentan de lo sucedido.*
3. *Me castigarán por mi comportamiento.*
4. *Siempre dudan de nuestro valor.*
5. *Se sienten orgullosos con su familia.*
6. *Nos recibieron con aplausos.*
7. *Estábamos hablando de las vacaciones veraniegas.*
8. *Mis hijos terminaron haciendo de bucaneros.*

b) Señalar si los sintagmas subrayados funcionan como complemento directo o como suplemento; e indicar las diferencias de significado que puedan presentar estas estructuras próximas (complemento directo y suplemento):

1. *Tenemos que tratar de todos esos asuntos mañana.*
2. *Mañana trataremos todos esos asuntos.*
3. *Se encontró a sus amigos en el parque.*
4. *Se encontró con sus amigos en el parque.*
5. *Los presidentes de los equipos de fútbol siempre critican a los árbitros.*

6.   *Los presidentes de los equipos de fútbol siempre se quejan*
     de los árbitros.

3.11.2. LA FUNCIÓN DE COMPLEMENTO AGENTE

El *complemento agente* es la función que usamos en las oraciones
pasivas para indicar quién es el agente de la acción expresada:

> *El libro es leído **por los alumnos.***
> *La lección fue estudiada **por los alumnos.***

Por los alumnos, es el complemento agente de las oraciones pasivas,
y, a la vez, el sujeto lógico de la acción oracional expresada: *los alumnos*
leen el libro/estudian la lección.

Este complemento va introducido en la lengua moderna casi exclusivamente por la preposición *por:*

> *El pan es comido **por el perro.***
> *El coche fue desviado **por la policía.***

En algunos usos lingüísticos, fundamentalmente con verbos que indican conocimiento, puede alternar en el uso la preposición *de:*

> *La noticia es conocida **por todos/de todos.***

Pero es ya bastante raro el uso de la preposición *de* en otro tipo de
expresiones que sí eran frecuentes entre los clásicos: ***de muchos*** *era*
*temido/era aborrecido **de todos**...*

EJERCICIOS:

a)   Señalar el complemento agente que aparece en las siguientes
oraciones:

1.   *La niña fue vista por su hermano en el parque.*
2.   *El museo fue visitado por la mañana por los escolares.*
3.   *Estas noticias son conocidas de todos vosotros.*

4. *Las estrellas fueron vistas a través de los telescopios por todos los vecinos.*
5. *Los ponentes fueron criticados por la gente por incoherentes.*
6. *El coche fue desviado por un atajo por la policía.*

b) Analizar los sintagmas introducidos por la preposición *por*, e indicar si funcionan como complemento agente o como complemento circunstancial:

1. *Debes ir al quiosco por el periódico.*
2. *Yo por ti, lo que tú quieras.*
3. *Lo haré por conveniencia mía.*
4. *Esta Liga ha sido ganada por el Real Madrid.*
5. *Mi padre camina con cuidado, y siempre por la acera.*
6. *Ese asunto lo arreglaremos por las buenas.*

3.11.3. LA FUNCIÓN DE COMPLEMENTO PREDICATIVO

El término de *complemento predicativo* es uno de los términos sintácticos que se han ido introduciendo, junto a los otros términos ya clásicos, en los estudios gramaticales. Se utiliza para denominar a los sustantivos, adjetivos o sintagmas preposicionales que se caracterizan por complementar a la vez al verbo y a un sintagma nominal que funciona como sujeto o complemento directo:

> *Juan llegó* **cansado.**
> *El entrenador vio a los jugadores* **cansados.**
> *Eligieron a mi hermano* **presidente.**
> *Pintaron a la Gioconda* **desnuda.**
> *Pintaron a la Gioconda* **con bigote.**

Propiamente, el complemento predicativo no es más que una variante del atributo o del complemento directo:

a) El complemento predicativo es el atributo que va con los verbos atributivos que no sean *ser* y *estar*:

los amigos están
                    felices (atributo)
los amigos son

los amigos se encuentran
los amigos viven
los amigos parecen
los amigos se sienten   **felices** (c. predicativo)
los amigos andan
los amigos se hallan
los amigos se creen

b) Usamos también el término de complemento predicativo para referirnos a los sintagmas que expresan las cualidades del complemento directo:

> *Mi padre encontró a sus nietos muy **crecidos**.*
> *Hemos visto **cansados** a los jugadores del equipo.*

También denominamos complemento predicativo al complemento directo de cosa de una serie de estructuras oracionales heredadas del latín que admiten el uso de dos complementos directos: uno de persona y otro de cosa (c. pred.):

> *Eligieron a mi padre **presidente**.*

EJERCICIOS:

a) Indicar si los complementos predicativos que aparecen se refieren al sujeto o al complemento directo:

1. *A los compañeros los vimos muy tristes.*
2. *La fiesta resultó aburrida.*
3. *El pescador miró incrédulo lo que colgaba del puente del río.*
4. *Mi vecina se presentó ayer en casa muy apenada.*
5. *Ayer acabamos todos muy cansados.*

6. *Mis hijos consideraron justa mi propuesta.*
7. *Esperaron tranquilos la llegada del profesor.*
8. *Los alumnos encontraron rotos los cristales de la clase.*

b)   Completa las siguientes oraciones con un complemento predicativo:

1. *Todos comenzaron el día..........*
2. *Siempre encuentro la casa......*
3. *Los soldados caminaban.........*
4. *La derrota deja al equipo.........*
5. *Nombraron a mi prima...........*
6. *Mi familia descansa...............*
7. *A mi hermano le han visto......*

3.11.4.   EL COMPLEMENTO DE LOS COMPLEMENTOS: SINTAGMAS EXPANDIDOS

En algunos usos lingüísticos las unidades oracionales pueden presentar expresiones desarrolladas o expandidas; ello ocurre cuando por razones de expresión o de significación aparecen algunas funciones referidas a otras funciones ya existentes.

Así ocurre en la oración:

Juan, **el entrenador del equipo de fútbol de tercera división del pueblo de mi padre,** *es muy trabajador.*

Podemos observar que la estructura de la función del sujeto es muy compleja; junto a la expresión nuclear del sujeto: *Juan,* aparecen otras funciones secundarias referidas al sujeto. Primero, la función de aposición: *el entrenador,* y a continuación, una serie de complementos del nombre consecutivos que complementan a la aposición y al complemento del nombre precedente.

Este uso de funciones secundarias (complemento del nombre y aposición) referidas a funciones primarias o a otras funciones secundarias, es lo que conforma las estructuras de los sintagmas expandidos o de los complementos que, sin suponer innovación sintáctica funcional alguna, sí son recursos frecuentes y recurrentes en los ejercicios de sintaxis.

EJERCICIOS:

    a)   Señalar los sintagmas expandidos que aparecen, y comentar su uso:

1. *Los hijos del vecino de tu hermana son muy agradables.*
2. *Diles a tus chicos que traigan el balón de fútbol de color rojo.*
3. *Todos querían comer mantequilla de Soria.*
4. *Algunos decían los resultados de las elecciones antes de acabar el escrutinio.*
5. *Porque tienes unos padres que se preocupan de ti, te enfadas, hija de mi alma.*
6. *Los hijos de los padres deportistas aman de igual manera los deportes.*
7. *En el día de la fecha ocurrieron cosas muy agradables.*

3.11.5. EL SINTAGMA PREPOSICIONAL

Usamos el término de *sintagma preposicional* para referirnos a las funciones sintácticas que llevan preposición.

Este término no aporta novedad alguna, ni hace referencia a ninguna otra función sintáctica que no quede comprendida entre las funciones ya estudiadas. Es un mero término de referencia que nos sirve para marcar el uso de algunas de las funciones que necesaria u ocasionalmente aparecen con preposición.

Como ya ha quedado anotado, no todas las funciones sintácticas admiten el uso de la preposición. Ello ocurre con las funciones de: sujeto, atributo, aposición y vocativo.

Por el contrario, hay otras funciones que sí admiten el uso de la preposición; son los sintagmas preposicionales, de los que pasamos a hacer referencia:

— El complemento directo lleva la preposición *a* cuando es de persona o personificado:

*Yo amo **a mi madre.***

— El complemento indirecto lleva la marca de las preposiciones *a* y *para*:

*Ayer trajeron este regalo **a mi hijo/para mi hijo.***

— El complemento circunstancial admite el uso de todas las preposiciones:

*Juan trabaja **en (de, para, por, de, con...)** casa.*

— El complemento del nombre es asimismo un sintagma preposicional:

*Libro **del profesor**/café **con leche**...*

— El complemento agente va introducido por la preposición *por*, y ocasionalmente por *de*:

*La noticia es conocida **de todos/por todos.***

— El suplemento es siempre un sintagma preposicional:

*Todos los padres piensan **en el triunfo** de sus hijos.*

— El complemento predicativo en algunos usos puede llevar preposición:

*Pintaron a los alumnos **con bigotes/bigotudos.***

EJERCICIOS:

a)   Indicar la función de los sintagmas preposicionales que siguen:

1. *Por vuestro bien, haremos lo necesario.*
2. *Pintaron la estatua con pintura roja.*
3. *Hoy me he dejado las gafas en clase.*
4. *Coincidí ayer con tus primos.*

5. *Tengo un libro de poesía amorosa.*
6. *No me avergüenzo de nada.*
7. *A todos os gustaría mi proyecto.*
8. *Mañana pienso olvidarme de todo.*
9. *Su simpatía era conocida de todos.*
10. *Pintaron a Isabel con gafas.*
11. *Los hijos se olvidan pronto de los consejos paternos.*
12. *El edificio se ha construido con el dinero público.*

3.12. EJERCICIOS DE RECAPITULACIÓN Y DE AUTOEVALUACIÓN

1. ¿En cuál de las siguientes oraciones no aparece la función de complemento directo?

   a) *Este libro me ha costado dos mil pesetas.*
   b) *Ayer te vimos en el parque con tu novia.*
   c) *Antonio ha metido un gol en el partido de esta mañana.*
   d) *En este lugar encontré la semana pasada un billete de mil pesetas.*

2. Indicar qué sintagma preposicional funciona como complemento del nombre:

   a) *Tu equipo se conformaba con el empate.*
   b) *Mañana hablará el profesor de vuestro comportamiento.*
   c) *Con tanto café te vas a poner nerviosa, mamá.*
   d) *El Real Madrid siempre tiene deseos de victoria.*

3. Señalar en qué oración no aparece laísmo:

   a) *No las cortes las uñas a tus hermanas.*
   b) *Espero que no las digas a tus amigas nuestros secretos.*
   c) *No sé si las volveremos a ver.*
   d) *Explícala a la directora lo que ha pasado.*

4. ¿En qué frase aparece la aposición especificativa?

   a) *Dime, vecino, quién ha llamado.*
   b) *Ayer la policía detuvo a José, el vecino de mi tía.*
   c) *Bécquer, poeta famoso, se casó en un pueblo de Soria.*
   d) *Ayer estuvimos en Soria capital.*

5. ¿En qué oración no se da la función de complemento directo?

   a) *A mi amigo le huelen los pies.*
   b) *Hay que arreglar esa mesa.*
   c) *Ellos se miraban en el espejo.*
   d) *Pedimos auxilio a los vecinos.*

6. ¿En qué oración aparece la función de complemento predicativo?

   a) *Todos los jugadores estaban cansados.*
   b) *He encontrado muy crecidos a tus hijos.*
   c) *Ese amigo tuyo es muy antipático.*
   d) *Mañana se reunirá el presidente con los jugadores expulsados.*

7. ¿Qué complemento circunstancial aparece sin preposición?

   a) *Desde el avión se divisaba Madrid.*
   b) *En el instituto me encuentro todos los días con tu novia.*
   c) *Apúntate esto, niña guapa, en tu cartilla.*
   d) *Madrid capital es más grande que Madrid provincia.*

8. Indicar cuál de las oraciones que siguen es impersonal (no tiene sujeto):

   a) *Se han caído al suelo los cristales.*
   b) *Habían pegado carteles por todas las partes.*
   c) *Había carteles caídos en el suelo.*
   d) *Se veían los carteles desde lejos.*

9. ¿En qué oración funciona el pronombre personal *me* como complemento directo?

a)   *Ayer me dieron un susto de muerte.*
b)   *"Yo no nací, me nacieron en Zamora" (Clarín).*
c)   *Todos me pedían autógrafos.*
d)   *Me molestan los ruidos estridentes.*

10.   Indicar en qué oración aparece el uso del loísmo:

a)   *Ese mueble lo compramos en El Corte Inglés.*
b)   *No los vimos en el supermercado a tus hermanos.*
c)   *Si no hacen todo bien, no los des regalos.*
d)   *Los errores, debéis corregirlos vosotros.*

11.   ¿Cuál de los sintagmas preposicionales funciona como suplemento?

a)   *Lo castigaron por su aspecto.*
b)   *Nos interrumpió con gritos.*
c)   *Se extraña de tu aspecto.*
d)   *Mi padre cree a Juan.*

12.   Indicar qué sintagma preposicional funciona como complemento circunstancial:

a)   *Se alegra de tu suerte.*
b)   *No creo en los milagros.*
c)   *Mi madre siempre pensaba en nosotros.*
d)   *Nos recibieron con aplausos.*

13.   Señalar cuál de los sintagmas preposicionales es complemento directo:

a)   *Ayer escribí a tu prima.*
b)   *Llegaremos mañana a El Burgo de Osma.*
c)   *Debes visitar con más frecuencia a tus amigos.*
d)   *Tienes que entregar este regalo a tu padre.*

14.   ¿Qué sintagma preposicional funciona como complemento agente?

a) *El coche fue desviado por un atajo.*
b) *Esto le ocurre por imprudente.*
c) *Los jugadores fueron abucheados por el público.*
d) *Por cuatro perras nos darán todo eso.*

15. Indíquese cuál de los sintagmas preposicionales introducidos por la preposición *a* funciona como complemento indirecto:

a) *El atleta dio una patada a una piedra.*
b) *Ayer visitó el doctor a mi madre.*
c) *¡Por fin hemos llegado al pueblo, papá!*
d) *A tus padres les preocupaban tus comportamientos.*

16. ¿Cuál de los sintagmas preposicionales funciona como complemento del nombre?

a) *Este libro lo trajeron mis padres para mi hermano.*
b) *En el mercado se vendía carne para perros.*
c) *Me marcho porque no estoy para bromas.*
d) *Este aviso es para todos.*

17. Señalar en qué oración funciona el pronombre *le* como complemento directo:

a) *A mi hijo le gusta jugar al fútbol.*
b) *A tu amigo le vimos ayer mi madre y yo.*
c) *No le digas nunca eso.*
d) *No le pareció bien el plan al profesor.*

18. ¿En qué oración aparece la función de suplemento?

a) *Mañana hablaremos de los asuntos importantes.*
b) *Hoy regresa el Presidente de su viaje europeo.*
c) *Sólo comentaremos los asuntos de interés general.*
d) *Me gustan las mesas de madera de ébano.*

19 Indicar dónde aparece la función de complemento predicativo:

a) *Ayer nombraron presidente de la comunidad a mi padre.*
b) *Todos estaban alegres tras la victoria.*
c) *Mañana será elegido el Presidente en el Parlamento.*
d) *El autor contaba viejas historias en su narración.*

20. ¿En qué oración se da la función de complemento agente?

a) *Se habló de todos en la reunión.*
b) *Todo eso se hace por vuestro bien.*
c) *Las noticias comentadas eran conocidas de todos.*
d) *No los mandéis a los niños por ese camino.*

CAPÍTULO 4

CLASIFICACIÓN DE LA ORACIÓN SIMPLE

4.1. CLASIFICACIÓN DE LA ORACIÓN SEGÚN LA MODALIDAD SIGNIFICATIVA

La oración es, además de unidad sintáctica, la estructura lingüística que usan los hablantes en los actos concretos de comunicación como unidad de intención y de finalidad comunicativa.

Así, al analizar un acto de comunicación real podemos observar qué intención comunicativa queda en él expresada:

— Comunicar algo: *hoy es lunes.*
— Preguntar algo: *¿qué día es hoy?*
— Ordenar algo o mandar algo: *pon la fecha en ese documento.*
— Exclamar expresiones emotivas: *¡qué guapa eres!*
— Desear algo: *ojalá venga hoy mi novio.*
— Expresar las posibilidades o dudas acerca de alguien o de algo: *quizá venga hoy.*

Estos parámetros anotados no agotan todas las posibilidades de expresión y comunicación significativa, pero sí se ajustan a las realizaciones lingüísticas más generales.

Ello nos permite clasificar la oración según la intencionalidad significativa expresada en los seis apartados que siguen, y que son de uso generalizado en los estudios de gramática:

Oraciones enunciativas.

Oraciones interrogativas.
Oraciones exclamativas.
Oraciones dubitativas.
Oraciones imperativas.
Oraciones desiderativas.

Con todo, y puesto que la intencionalidad significativa comunicada por el hablante no siempre responde a juicios lógicos ni preestablecidos, sino también a vivencias personales subjetivas, particulares y ocasionales, esta clasificación no puede pretender ser totalmente definitiva y rigurosa, como corresponde a toda clasificación basada en criterios semánticos o de significación.

Además, las distintas clases de oraciones apuntadas más arriba no se excluyen entre sí, sino que en muchas de las expresiones pueden superponerse.

Por ejemplo, la oración *¡Ojalá apruebes todo en junio!*, puede interpretarse como exclamativa o como desiderativa.

De igual forma, y en algunos usos, las oraciones *¿Quieres callarte?* y *Me importa un comino tu situación,* pueden tener varias interpretaciones; como interrogativa y/o imperativa la primera, y como enunciativa afirmativa y/o enunciativa negativa la segunda.

EJERCICIOS:

a) Indicar la intencionalidad comunicativa que corresponde a cada una de las oraciones que siguen:

1. *Dime qué quieres de regalo.*
2. *Dios quiera que encontremos pronto la solución.*
3. *Ojalá se arregle pronto la situación económica de España.*
4. *Serían unos veinte los presos que se escaparon ayer de la cárcel.*
5. *¡Que gane el Madrid esta liga!*
6. *Quizá no vuelva nunca más por aquí.*
7. *¿Quieres dejar de hablar, Antonio?*
8. *No todo es tan bonito como parece.*

9. *Tú vendrás mañana con nosotros.*
10. *¡Qué difícil ha sido el examen!*
11. *Valladolid fue capital de España en el reinado de Felipe III.*
12. *Haz ahora mismo los ejercicios de clase.*

4.1.1. ORACIONES ENUNCIATIVAS

Las *oraciones enunciativas,* también llamadas *aseverativas* o *declarativas,* son las que usa el hablante para expresar las relaciones con el mundo exterior e informar objetivamente de un pensamiento o de cualquier hecho de comunicación:

El día veintinueve de enero hubo huelga general en España.
Hoy no ha salido todavía el sol.
La corrupción es una de las lacras de la política moderna.

Las oraciones enunciativas se expresan con el verbo en modo indicativo (modo de la realidad), y en ellas predomina la función lingüística representativa (la intención del hablante es informar objetivamente de algo).

Estas oraciones pueden ser: afirmativas y negativas.

a) *Enunciativas afirmativas:* Indican la conformidad con la expresión oracional:

Antonio lee todos los días el periódico.
Todos los días sale el sol.

b) *Enunciativas negativas:* Indican la disconformidad con la expresión oracional:

Antonio no juega todos los días al fútbol.
No llueve todos los días.

Las afirmativas no exigen una forma peculiar de expresión; en cambio, las negativas, se caracterizan por llevar alguna marca léxica de negación: *no, nunca, nadie, nada, jamás...*

La partícula negativa más usada es el adverbio *no*:

> *Este libro no tiene dibujos.*
> *Los niños no deben ser perezosos.*

Incluso, y por ser tan frecuente el uso de esta forma, la partícula *no* se ha gramaticalizado hasta llegar a perder su significado negativo:

> *Temo que no se nos estropee (temo que se nos estropee).*

Por otra parte, hemos de señalar que en español, a diferencia de lo que ocurre en otras lenguas, dos negaciones no afirman [en el lenguaje lógico *no* (*no*) sería un *sí*], sino que intensifican el significado negativo expresado:

> *No haré eso.*
> *No lo haré eso nunca.*
> *Nunca jamás haré eso.*
> *Eso no lo haré nunca jamás.*

Sólo y excepcionalmente en algunos usos lingüísticos, dos partículas negativas adquieren valor positivo; eso ocurre cuando se da el grupo expresivo *no + sin*:

> *Juan trabaja no sin esfuerzo* (con esfuerzo).
> *Sin embargo, lo consiguió no sin ayuda* (con ayuda).

Algo semejante ocurre también cuando se usan los adverbios de negación que modifican a adjetivos con prefijos de significado negativo o privativo:

> *Un pueblo no deshabitado.*
> *Un comportamiento no anormal.*

Con todo, en estos casos, el valor negativo neutralizado no siempre equivale a una significación afirmativa. Así, por ejemplo, la expresión *una costumbre no impopular,* no equivale necesariamente a la expresión *una costumbre popular.*

Hemos de señalar, además, que hay una serie de oraciones enunciativas que, aunque tienen forma positiva, sin embargo, adquieren significado negativo; son las oraciones que tienen algún elemento con significado de "poca importancia": *bledo, comino, pepino, pimiento...,* que dan el valor negativo a la oración expresada:

> *Lo que tú digas me importa un bledo.*
> *Me importa un comino que tú me grites.*

EJERCICIOS:

    a)   Indicar si las oraciones enunciativas que siguen son afirmativas o negativas:

1. *No viajaré contigo jamás.*
2. *No lo hubiera hecho sin tu ayuda.*
3. *A mi hermano le importaban un bledo los sermones de mi padre.*
4. *Eso, amigo mío, no, no, no y no lo haré.*
5. *Ya no fumaba en los lugares públicos.*
6. *Sin esfuerzo alguno hizo mi hija los problemas de matemáticas.*

    b)   Comprobar cómo para convertir en afirmativas las siguientes oraciones no basta con suprimir el adverbio de negación *no*:

1. *No ha venido nadie hasta ayer.*
2. *Ese libro que me has dejado no vale gran cosa.*
3. *¿No te has levantado todavía?*
4. *En toda la noche no hemos podido pegar ojo.*
5. *Mi madre ha dicho que no venga hasta las ocho.*
6. *No sobra en absoluto.*

4.1.2. ORACIONES INTERROGATIVAS

Las *oraciones interrogativas* las utiliza el hablante para preguntar algo o reclamar información sobre aquello que desconoce total o parcialmente:

¿Cuándo me vas a comprar el futbolín, Juan?
¿Queréis venir conmigo al fútbol?
¿Qué hora tienes?

A veces, el hablante utiliza ese tipo de oraciones para lograr efectos significativos rebuscados, no propiamente interrogativos; ello ocurre cuando se usan las llamadas "interrogativas retóricas", que más que preguntar, afirman o transmiten información significativa al oyente:

¿Acaso no sabéis que todos hemos de morir?
¿Quién ha escondido el tenedor debajo del plato, Antonio? (cuando
    se lo dice el padre al hijo si son sólo ellos dos los comensales).

La determinación del valor interrogativo de este tipo de oraciones (interrogativas propias o retóricas) sólo puede darse en el uso de la lengua en los actos concretos de comunicación. Por ello en nuestro estudio sólo hacemos referencia a las interrogativas reales o propias:

¿Qué hora es?
¿Quién ha escondido el tenedor?

Las oraciones interrogativas se construyen con verbos en modo indicativo, y en ellas predomina la función conativa o apelativa (el hablante intenta conseguir del oyente una respuesta sobre algo que él desconoce).

Según la forma de expresión, podemos distinguir dos tipos de interrogativas: directas e indirectas.

a) *Interrogativas directas:* Son las que van entre signos de interrogación ¿ ?, y expresan preguntas que el hablante hace directamente a su interlocutor o a sus interlocutores:

¿Qué tienes en esa mano?
¿Cuántas asignaturas has aprobado?
¿Vienes conmigo?

b) *Interrogativas indirectas:* Son las que no llevan signos de interrogación, y se expresan introducidas por oraciones con verbos que indican lengua o pensamiento (*decir, contar, pensar, preguntar...*); por ello, la pregunta que el hablante transmite al interlocutor/es les llega de forma mediata o indirecta:

> *Dime qué tienes en esa mano.*
> *Pregúntale a tu hermana cuántas asignaturas ha aprobado.*
> *Cuéntame si vienes conmigo.*

El uso de las interrogativas indirectas permite al hablante transmitir preguntas a interlocutores que no están presente en la misma situación comunicativa:

> *Cuando veas a su novio, pregúntale cuál es su profesión.*

Otras veces, este tipo de expresiones permiten al hablante suavizar la "carga de brusquedad" que pueden ocasionar al interlocutor las preguntas directas. Así, es clara esta diferencia de matiz significativo en expresiones como:

> *¿Qué te pasa?/cuéntame qué te pasa.*
> *¿Cuántos años tienes?/te importaría decirme cuántos años tienes.*

Formalmente, las interrogativas indirectas forman un período oracional complejo; las interrogativas indirectas son proposiciones sustantivas dependientes de la oración principal.

El estudio funcional de estas oraciones aparece en el apartado de las proposiciones sustantivas (véase § 5.7).

A su vez, según la extensión de la pregunta en el enunciado oracional, podemos distinguir dos tipos de interrogativas: totales y parciales

1. *Interrogativas totales:* Son aquellas en las que preguntamos sobre todo el contenido interrogativo, que lo desconoce el hablante.

No llevan partícula interrogativa, y pueden expresarse de forma directa e indirecta:

> *¿Ha llamado alguien, mamá?*
> *Pregúntale a papá si ha llamado alguien.*
> *¿Tienes hora?*
> *Dime si tienes hora.*

2. *Interrogativas parciales:* Son las interrogativas en las que se pregunta sólo una parte del enunciado: *¿Quién ha llamado?* (Sabemos que alguien ha llamado; conocemos una parte del enunciado, sólo deconocemos quién ha llamado).

Estas oraciones llevan siempre partícula interrogativa: *qué, cuál, quién, cuánto, dónde, cómo, cuándo...*, que representan la parte del enunciado que se pregunta, y que desconoce el hablante. Pueden expresarse de forma directa e indirecta:

> *¿Quién ha llamado, mamá?*
> *Pregúntale a papá quién ha llamado.*
> *¿Qué hora tienes?*
> *Dime qué hora tienes.*

EJERCICIOS:

a) Indicar cuáles de los siguientes enunciados contienen oraciones interrogativas indirectas:

1. *Creo que estamos solos en casa.*
2. *Todos sabemos qué nos va a regalar.*
3. *Espero que para mañana te sepas bien toda la lección.*
4. *Pregúntales a tus amigos si van a venir con nosotros.*
5. *Todos conocían ya lo que nos vas a decir.*
6. *No sé si sabes tú, hija, cuándo acaba el plazo de matrícula.*

b) Clasificar las oraciones interrogativas que siguen (directas/indirectas, totales/parciales):

1. *Tú ya sabes a qué hora sale este tren.*
2. *¿Qué haces ahora, Antonio?*
3. *¿Adónde iréis de vacaciones este verano?*
4. *Ya sé por qué se enfadó ayer tu novio.*
5. *¿Sabes a qué hora es el partido?*
6. *Decidme si vais a ir a la discoteca este fin de semana.*

c) Expresar las oraciones interrogativas invirtiendo sus características. (Si son directas, en indirectas; si son totales, en parciales.)

Ejemplo: *¿Tienes hora? = Dime qué hora tienes.*

1. *Dime, hija, cuándo me vas a devolver el dinero prestado.*
2. *¿Tienes novelas policiacas en casa?*
3. *Dime quién de los que están en la foto es tu novio.*
4. *¿Cuándo celebras tu cumpleaños?*
5. *Dígame, señor, a qué hora sale este tren.*

4.1.3. ORACIONES EXCLAMATIVAS

Las *oraciones exclamativas* son aquellas que utiliza el hablante para expresar sus sentimientos o emociones, por encima, incluso, del valor lógico o nocional expresado:

¡Qué contento estoy hoy!
¡Qué agradable resulta tu plática!

En estas oraciones predomina la función expresiva; el hablante manifiesta en ellas toda su emoción y la expresión más vigorosa de sus sentimientos:

¡Qué bonito es vivir en paz!

Se construyen generalmente con verbos en modo indicativo: *¡Qué frío hace!*, pero pueden aparecer también en subjuntivo, y entonces su valor significativo adquiere matices desiderativos: *¡Que no venga más por aquí!*

Como expresión lingüística, las oraciones exclamativas, en muchos casos, no son más que oraciones enunciativas transformadas.

Así, la oración enunciativa *esta clase es aburrida,* se convierte en exclamativa: *¡Qué aburrida es esta clase!,* con las transformaciones y características propias de estas oraciones:

— Marca gráfica: signos de admiración ¡!
— Marca léxica: partícula exclamativa: *qué.*
— Cambio de orden de los elementos oracionales.
— Entonación expresiva exclamativa.

A veces, en el uso de la lengua, las expresiones de los sentimientos y de la emotividad subjetiva del hablante aparecen de forma reducida o sintética.

Por ello, podemos distinguir dos tipos de oraciones exclamativas: analíticas y sintéticas.

a) *Exclamativas analíticas:* Son las que aparecen de forma desarrollada, las que presentan forma oracional:

> *¡Qué contento estoy!*
> *¡Qué susto me has dado!*
> *¡Qué chasco me he llevado!*

b) *Exclamativas sintéticas:* Son las que se expresan de forma abreviada o reducida, aunque significativamente equivalen a oraciones analíticas o enteras. Son las que se expresan mediante:

— Interjecciones: *¡Ah! ¡Oh! ¡Ay! ¡Uf!...*
— Frases exclamativas: *¡Santo Dios! ¡Virgencita de mi alma! ¡Madre mía!...*

EJERCICIOS:

a) Convertir en exclamativas las oraciones enunciativas que siguen:

1. *Todos tenéis buenos coches.*
2. *Esta casa está muy deteriorada.*
3. *El Real Madrid juega muy mal al fútbol últimamente.*
4. *Tenéis una actitud negativa.*
5. *Ayer llevaba tu mamá un vestido muy elegante.*

b) Expresar de forma analítica las oraciones exclamativas que aparecen abreviadas:

> *¡Ay! ¡Santo Dios! ¡Hijo mío! ¡Olé! ¡Uf! ¡Mecachis en diez!*

4.1.4. ORACIONES DUBITATIVAS

Las *oraciones dubitativas* son aquellas que expresan duda o posibilidad: *Quizá venga a verme hoy mi novio.*

Aunque hay gramáticos que estudian por separado las oraciones que indican duda, las que indican posibilidad y las que indican probabilidad, nosotros las incluimos en el mismo grupo oracional, pues aunque expresen matices significativos distintos, en muchos usos lingüísticos apenas pueden diferenciarse.

Es lo que ocurre, por ejemplo, entre las oraciones que siguen:

> *Tal vez sean las siete.*
> *Serán las siete.*
> *Probablemente sean las siete.*

Por otra parte, en otros usos lingüísticos no siempre resulta fácil precisar la diferencia significativa entre este tipo de oraciones y las oraciones enunciativas propias, de las que se diferencian por presentar partículas léxicas especiales (generalmente, adverbios): *quizá/s, acaso, tal ve...,* y determinadas formas verbales que marcan el valor significativo de duda o probabilidad:

> *Ya han dado las diez, chicos* (aseverativa).
> *Ya habrán dado las diez, chicos* (duda).
> *Acaso hayan dado ya las diez, chicos* (duda).
> *No creo que venga* (duda).
> *Creo que no vendrá* (aseverativa).

Otra confusión frecuente en el uso lingüístico, se da entre las formas perifrásticas *deber de + infinitivo,* que indica duda, y *deber + infinitivo,* que indica obligatoriedad:

> *El director debe de estar en el patio* (duda).
> *El director debe estar en el patio* (obligación).

Esta confusión nace del desgaste y poca consistencia fónica de la consonante *-d-* en posición intervocálica y de la preposición *de* (*cantao,* por *cantado; Plaza España,* por *Plaza de España*), y ha provocado en el uso de la lengua popular varios usos impropios, como el que sigue:

*El libro debe costar aproximadamente unas mil pesetas (por debe de costar...).

EJERCICIOS:

a) Expresar al menos de dos formas distintas los enunciados de duda que siguen:

1. *Tal vez fueran las diez cuando sucedió el accidente.*
2. *Serán unos diez los alumnos aprobados en el examen.*
3. *Acaso fuera tu padre el que me lo contó.*

b) Analizar el contenido significativo de las oraciones siguientes, e indicar si son enunciativas o dubitativas:

1. *Acaso tú conoces a ese hombre.*
2. *Tú conoces a ese hombre.*
3. *Tal vez conozcas a ese hombre.*
4. *Quizá conozcas a ese hombre.*
5. *Tu padre debe de estar en el garaje.*
6. *Tu padre debe estar en el garaje.*
7. *El libro debe costar mil pesetas, dijo el editor.*
8. *El libro debe de costar unas mil pesetas, dijo el profesor.*

4.1.5. ORACIONES IMPERATIVAS

· Las *oraciones imperativas,* también llamadas *exhortativas,* son las que utiliza el hablante para expresar mandato o ruego:

> *Volved pronto a casa.*
> *No entréis en lugares peligrosos.*
> *No os dejéis engañar por nadie.*

Aunque las oraciones imperativas presentan función apelativa: el hablante intenta influir en el oyente para que actúe de una forma determinada: *no vengáis tarde;* significativamente, pueden coincidir con las oraciones desiderativas u optativas, puesto que el mandato y el ruego no son más que deseos expresados en grado máximo:

> *Callaos todos.*
> *Deseo que os calléis todos.*
> *Desearía que os callaseis todos.*

Formalmente, las oraciones imperativas se construyen generalmente con verbos en imperativo:

> *Haz este problema ahora.*
> *Dibujad este grabado.*

Si el mandato es negativo, se construyen en presente de subjuntivo, ya que el imperativo no admite la forma negativa:

> *No hagáis este problema ahora.*
> *No dibujéis este grabado.*

Pero pueden aparecer otras formas de expresión para este tipo de oraciones imperativas:

a) Con a + infinitivo:

> *A callar todos.*
> *A comer inmediatamente, chicos.*
> *A hacer los deberes ahora mismo.*

Hemos de señalar, sin embargo, que es muy frecuente en la lengua conversacional, aunque sea incorrecto, el uso del infinitivo sin *a* con valor imperativo:

> *Callar todos.*
> *Hacer los deberes ahora mismo.*

Aunque son usos no normativos, su frecuencia en la lengua popular se ve favorecida además de por el hecho de la supresión de elementos, de la preposición *a*, por la coincidencia fonética que pueden presentar en una pronunciación relajada las formas de infinitivo e imperativo: *callad/callar,* y porque es frecuente y correcto el uso del infinitivo en enunciados en los que el mandato tiene una referencia impersonal (está dirigido hacia la generalidad):

> *Se prohíbe fumar.*
> *No fumar.*
> *No tocar, peligro de muerte.*
> *No apilar más de tres cajas.*

b) Con gerundio:

> *Marchando una de gambas.*
> *Copiando los apuntes ahora mismo.*
> *Caminando todos.*
> *Callándose ahora mismo.*

Su uso es más frecuente en la lengua coloquial, y no es raro que se intensifique con la muletilla "que es gerundio":

> *Marchando, que es gerundio.*

c) Con verbos en futuro de indicativo:

> *No matarás.*
> *No robarás.*
> *No codiciarás los bienes ajenos.*

d) Con verbos en presente de indicativo:

> *Tú haces esto ahora.*
> *Tú te vas de clase ahora mismo.*
> *Ve y dile a tu madre que te he echado de clase.*

e) Con oraciones en forma interrogativa:

> *¿Quieres callarte?/Cállate.*
> *¿Qué haces ?/No hagas eso.*

EJERCICIOS:

a) Señalar entre los enunciados siguientes cuáles pueden ser exhortativos:

1. *Mañana iremos todos a la estación.*
2. *Tú, Antonio, irás mañana con tu madre a la estación.*
3. *Ayer estuvimos en la estación.*
4. *Tú te vas ahora mismo de aquí.*
5. *No digas esto a nadie.*
6. *A trabajar todos en esta tarea.*
7. *Aunque tú no trabajes, lo haré yo.*

b) Corregir los errores que puedan presentar las expresiones que siguen:

1. *No haced ruido en clase.*
2. *Ir todos al patio ahora mismo.*
3. *Cantados ahora la canción que os enseñamos ayer.*
4. *Decir vosotros a mamá la verdad.*
5. *Idos todos al patio ahora y, pasados cinco minutos, venir aquí otra vez.*
6. *Poner este cartelito de "no fumar en clase".*

4.1.6. ORACIONES DESIDERATIVAS

Las *oraciones desiderativas* son las que utiliza el hablante para indicar deseo:

> *Ojalá nos toque la lotería.*
> *Ojalá venga pronto mi novio de la mili.*
> *Deseo que seáis felices.*

Formalmente, se construyen con verbos en modo subjuntivo, y suelen llevar alguna marca léxica propia: *Ojalá, Dios quiera que...* para reforzar la expresión de deseo; expresión que implica siempre irrealidad y valor subjetivo del enunciado expresado, aunque el hablante desee que se cumpla, por lo que también se las llama a estas oraciones *optativas:*

> *Ojalá no llueva mañana.*
> *Ojalá ganemos el partido.*

En los estudios gramaticales tradicionales se distinguen dos tipos de oraciones desiderativas, según que el deseo expresado sea realizable o de difícil consecución:

— Las que indican deseo realizable o posible:

¡Ojalá haya llegado ya!
¡Ojalá apruebe este examen!

— Las que indican deseo de difícil consecución o irrealizable:

¡Así no lo hubieras oído tú!
¡Ojalá volviera Napoleón!
¡Ojalá me hubiera tocado la lotería!

Es frecuente, y así aparece en algunos de los ejemplos anotados, la presencia de los signos de admiración además de las marcas léxicas típicas en este tipo de oraciones, sobre todo, si se quiere reforzar el valor emotivo y personalizado del deseo, con lo que coinciden formalmente con las oraciones exclamativas:

¡Ojalá no haya más guerras en el mundo!
¡Ojalá no caigas enfermo!
¡Ojalá apruebes todo en junio!

EJERCICIOS:

a) Escribir de cuatro formas distintas el enunciado desiderativo que sigue:

Que seáis siempre felices, hijos míos.

b) Señalar la modalidad de los siguientes enunciados:

1. *Tal vez vengan mejores días.*
2. *Tu comportamiento en la fiesta me pareció incorrecto.*
3. *Que no se presenten todos a comer, por favor.*
4. *Salgamos por la puerta de incendios.*
5. *No me preocupa tu situación contractual.*

6. *Ojalá te hagan fijo en este trabajo.*
7. *Dime cuánto cobras tú, Luis, de pensión.*
8. *¡No faltaría más!*
9. *Esta seta puede no ser comestible.*
10. *Que no se entere tu padre de lo sucedido.*
11. *¡Qué bruto!*

4.2. CLASIFICACIÓN DE LA ORACIÓN SEGÚN LA NATURALEZA DEL PREDICADO

Entendemos por naturaleza del predicado las relaciones que se dan entre el verbo y sus complementos y el modo de significar de aquél.

Por ello, podemos clasificar las oraciones en dos grandes grupos: *atributivas y predicativas,* según estén formadas por los llamados predicados nominales o predicados verbales:

> *Juan está enfermo* (atributiva).
> *Mi hermano es un buen chico* (atributiva).
> *Antonio trabaja todos los días* (predicativa).
> *El niño maneja el ordenador con maestría* (predicativa).

a)   *La atribución:* Es la identificación que se hace del sujeto con el atributo a través de un verbo atributivo o copulativo (ser y estar, principalmente).

> *Mi madre es comprensiva,* (madre = comprensiva).
> *Mi padre es soriano* (padre = soriano).

Significativamente, la atribución la utiliza el hablante para indicar cualidades del sujeto, y la expresa a través del llamado predicado nominal, que se construye fundamentalmente con los verbos *ser* y *estar:*

> *El león está herido.*
> *Los golondrinas son las aves de la nostalgia.*

En otros usos lingüísticos, la atribución puede expresarse también con otros verbos que sin ser propiamente atributivos funcionan como tales: son los llamados *verbos cuasiatributivos.*

Así, es frecuente el uso de una serie de verbos como: *parecer, llegar, andar, resultar, vivir...* y otros que presentan forma pronominal, como *hallarse, encontrarse, hacerse, ponerse, considerarse...,* etc., en formas de expresión atributiva:

> *Este niño se cree valiente.*
> *Los alumnos se encuentran ilusionados.*
> *Los atletas caminaban contentos.*
> *Mis hijos se encuentran satisfechos.*

En estos usos, la función que expresa la cualidad: *valiente, ilusionados, contentos, satisfechos,* no la denominamos atributo, sino complemento predicativo (véase, § 3.11).

b) *La predicación:* Se da cuando a través del verbo expresamos (predicamos) el comportamiento del sujeto:

> *La madre ama a sus hijos.*
> *El niño jugaba al futbol por las tardes.*

Significativamente, la predicación la utiliza el hablante para expresar las acciones del sujeto; para indicar no cómo es, sino lo que hace:

> *El profesor explica la lección.*
> *Los alumnos hacen los ejercicios en clase.*

La predicación se expresa con los verbos predicativos, que en principio son todos menos los verbos *ser* y *estar*, verbos que ocasionalmente también pueden funcionar como predicativos; ello ocurre cuando *ser* y *estar* se construyen sin atributo, por ejemplo:

> *Son las siete.*
> *Esto es por vuestro bien.*
> *El Señor es contigo* (lexicalizado).
> *Pilar etá en clase.*
> *Mi novio estará quince días en el hospital.*

Con todo, la distinción entre atribución y predicación no resulta siempre clara y precisa, aunque en los actos concretos de comunicación se suele presentar con matices significativos diferenciados. Esto ocurre porque significativamente sólo a veces podemos establecer una distinción precisa entre cualidades (atribución) y comportamientos (predicación), y porque formalmente la atribución y la predicación se expresan en muchos usos con las mismas formas verbales.

> *Juan está enfermo* (atribución).
> *Juan está en casa* (predicación).
> *Juan vive en Soria* (predicación).
> *Juan vive feliz* (atribución).
> *Juan anda todos los días por el parque* (predicación).
> *Juan últimamente anda preocupado* (atribución).

EJERCICIOS:

a) Señalar las oraciones atributivas y las predicativas, según indiquen cualidades o comportamientos del sujeto:

1. *Se seca el pelo con la toalla.*
2. *Escribe las cartas con máquina eléctrica.*
3. *El vino de Valladolid es exquisito.*
4. *Mi compañera de trabajo parece tonta.*
5. *El vigilante pedía la documentación a todos los jóvenes.*
6. *La mantequilla de Soria está muy rica.*
7. *La noche está oscura y fría.*
8. *El perro de mi tío ladra por las noches.*
9. *Mi padre buscaba una recomendación para mi novio.*
10. *Las arcas del club están vacías.*
11. *Mis amigos se preocupan de mí.*
12. *Mis padres se encuentran preocupados por mi futuro.*

4.2.1. ORACIONES ATRIBUTIVAS

Son las oraciones que expresan las cualidades del sujeto; se construyen generalmente con los verbos ser y estar, aunque pueden aparecer también con los llamados verbos "cuasiatributivos":

> *La gente de mi pueblo es educada.*
> *Los niños de este país parecen contentos.*
> *Todos los jugadores estaban contentos.*
> *Los vecinos de mi barrio se hallan alterados.*
> *Los hombres trabajadores viven felices.*

Incluso es frecuente, especialmente en la lengua moderna, la supresión del verbo (que funciona como mera cópula o unión, sin aportar valor significativo esencial) en este tipo de oraciones; se las denomina entonces *frases nominales:*

> *Año de nieves, año de bienes.*
> *Cual la madre, tal el hijo.*
> *El mejor camino, el recto.*
> *Perro ladrador, poco mordedor.*

EJERCICIOS:

a) Señalar cuáles de las oraciones que siguen son atributivas:

1. *Mi padre está con un libro en las manos en esa fotografía.*
2. *El día de tu último cumpleaños fue inolvidable.*
3. *El conductor resultó ileso en el accidente.*
4. *A tu hermano le encontré ayer en Madrid.*
5. *Los excursionistas caminaban felices.*
6. *Butragueño no jugó bien el otro día.*
7. *Perdió todas las fotografías en el accidente.*
8. *Mis padres caminan todos los días durante dos horas.*
9. *La conferencia es hoy a las cuatro.*
10. *Mi primo está de camarero en un hotel.*
11. *Todos los jugadores se encontraban satisfechos después del partido.*

b) Sustituir el verbo *ser* y *estar* por otros verbos que puedan funcionar como atributivos:

1. *Los españoles están muy contentos.*

2. *Los jugadores del equipo catalán están deprimidos.*
3. *Todos los estudiantes eran respetuosos.*
4. *La fuente de mi pueblo está seca.*
5. *Los niños estarán contentos con vosotros.*
6. *Los soldados del ejército español están satisfechos.*
7. *Hoy el día está despejado.*

c) Indicar si los verbos *ser* y *estar* funcionan como atributivos o como predicativos:

1. *Mi madre era una buena persona.*
2. *La clausura del congreso fue en la sala de convenciones.*
3. *La cuenta está saldada.*
4. *El castillo de Gormaz está en Soria.*
5. *Un peluche blanco es la mascota de mi hija.*
6. *Al lado de Miguel Bosé estuve yo el otro día.*
7. *Esto siempre será para vosotros.*
8. *El director está casi siempre en su despacho.*

4.2.1.1. Diferencias entre los verbos atributivos *ser* y *estar*

Uno de los aspectos más peculiares de la estructura de nuestra lengua, y a la vez uno de los más chocantes para los aprendices extranjeros de nuestro idioma, consiste en la posibilidad de usar los verbos *ser* y *estar* como atributivos, cundo en la mayor parte de las lenguas modernas la atribución se expresa con un solo verbo (*être* en francés, *to be* en inglés, por ejemplo).

Incluso, en aquellas lenguas que mantienen un doble tipo de atribución (por ejemplo, en ruso), los límites de significación entre las dos formas posibles se presentan perfectamente delimitadas en el uso de la lengua.

Eso no ocurre siempre en español, donde las diferencias entre *ser* y *estar* no siempre son claras, ni en el uso actual, ni a lo largo de la historia de la lengua.

Por ello, y aunque los hablantes hemos aprendido y conocemos las diferencias de valor y de significación entre ser y estar en la mayor parte de los usos, no siempre nos resulta fácil explicarles a los menos expertos y a los aprendices extranjeros los usos que deben aprender para evitar confusiones tópicas, pero frecuentes, como las que siguen:

> *Pilar está buena* (en lugar de *Pilar es buena*).
> *El niño es sucio* (en lugar de *el niño está sucio*).

En los distintos manuales preparados para estudiantes extranjeros de nuestra lengua proliferan las exposiciones que han ido apareciendo sobre las principales diferencias que marcan en el uso lingüístico el empleo de los verbos *ser* y *estar,* aunque no siempre presenten criterios diferenciadores, claros y precisos.

Nosotros nos limitamos a hacer en nuestro trabajo una exposición que, sin agotar todos los planteamientos posibles, sea suficiente y marque, además, las pautas pedagógicas básicas para establecer los criterios diferenciadores fundamentales.

Así, entre las principales diferencias, destacamos:

a) El verbo *ser* atribuye cualidades permanentes, y el verbo *estar,* cualidades accidentales o transitorias:

> *La niña es guapa/la niña está guapa.*
> *La casa es oscura/la casa está oscura.*

Con todo, la línea semántica que separa los límites entre lo permanente y lo transitorio no siempre es precisa; es clara en la mayor parte de los ejemplos (así, en los citados), pero no lo es en otros:

> *Luis es alto/Luis está alto* (aplicado a un joven).

A veces, incluso, esta diferencia es contradictoria; decimos, por ejemplo, *Juan está muerto,* y *muerto,* no indica, precisamente, una cualidad accidental.

b) El verbo *ser* atribuye cualidades imperfectivas, y el verbo *estar,* cualidades perfectivas.

Entendemos por *cualidades perfectivas* aquellas que para serlo necesitan llegar a su término (son el resultado de una transformación), y por *cualidades imperfectivas,* aquellas que se dan en su duración o permanencia (sin que haya mediado transformación alguna):

La fruta es saludable/la fruta está madura.
La solución del problema es clara/la solución del problema está clara.

Esta diferencia no se aprecia de forma clara en todos los usos; sí en muchos de ellos: *Juan es elegante/Juan está elegante,* y en otros usos en que los verbos *ser* y *estar* aparecen en expresiones perifrásticas: *el trabajo es acabado/el trabajo está acabado),* pero en otros, esta diferencia se presenta, incluso, de forma contradictoria:

Juan es negro (¿es imperfectiva?).

c) El verbo *ser* indica cualidades inherentes o consustanciales, y el verbo *estar,* cualidades adquiridas o añadidas:

Los vecinos son nerviosos/están nerviosos.
El café es amargo/el café está amargo.

Así, podemos decir *el café está amargo* (para indicar que no hemos añadido suficiente azúcar, por ejemplo), pero no es propio decir **el café es dulce,* ya que no es una cualidad inherente.

Éstas y otras diferencias entre los verbos *ser* y *estar* en el dominio de la lengua, nos permiten diferenciar los usos y valorar la variación significativa que expresan casi de forma generalizada, aunque en algunos casos aislados y, sobre todo, para aquellos que no tienen el español como lengua materna, la diferencia resulta difícil de precisar:

La reunión fue muy lucida.
La reunión estuvo muy lucida.

Además, no siempre pueden alternar en el uso lingüístico los verbos *ser* y *estar,* sino que, a veces, presentan "limitaciones gramaticales"; por ejemplo, cuando el atributo es un sustantivo, o una forma léxica equivalente, debemos emplear necesariamente el verbo *ser:*

Antonio es médico.
Su hermana es ingeniera.
Mis padres son aquéllos.
Mis hijos son los más guapos.

El verbo *estar* no admite directamente el nombre, y cuando en usos aislados lo admite, el sustantivo adquiere un marcado valor de adjetivo:

> *Tu hijo está fenómeno.*
> *Tu novia está locomotora.*
> *Tu hermana está bomba.*
> *Tu amigo está pez.*

Por otra parte, algunos adjetivos, muy pocos en número, cambian su valor significativo según se atribuyan con el verbo *ser* o *estar*:

> *Ser bueno* (de carácter)/*estar bueno* (sano, saludable).
> *Ser malo* (de carácter)/*estar malo* (enfermo).
> *Ser listo* (inteligente)/*estar listo* (preparado).

Debemos anotar también que a veces no coinciden los usos normativos de *ser* y *estar* en la lengua de España y de América; así, en el español de América aparecen usos como los que siguen, que no utilizamos en España:

> *Yo soy convencido de que...*
> *Vuestro vestido está vistoso.*

EJERCICIOS:

a) Indicar la diferencia significativa que presentan las frases con *ser* y con *estar*:

1. *La casa está/es oscura.*
2. *La nieve está/es blanca.*
3. *Este niño está/es muy nervioso.*
4. *Esta tarta está/es exquisita.*
5. *La charla está/es interesante.*
6. *La solución está/es muy clara.*
7. *El café está/es amargo.*
8. *Tu hermano pequeño está/es muy sucio.*
9. *Tu novia está/es muy guapa.*
10. *Tus amigos están/son blancos.*

b)   Completar las oraciones con sustantivos que funcionen como atributo:

1.   *Juan es...../Juan está...*
2.   *Tu novio es...../tu novio está...*
3.   *Este alumno es...../este alumno está...*
4.   *Esa señora es..../esta señora está...*

4.2.2.   ORACIONES PREDICATIVAS

Las *oraciones predicativas* no indican cualidades del sujeto, sino que expresan acciones o comportamientos en los que el sujeto participa:

Antonio Machado dio clases en un instituto de Soria.
Los jugadores de baloncesto ganaron el trofeo.
Los alumnos hacen todos los días prácticas en el laboratorio.

Se construyen con los verbos predicativos (en principio, todos menos *ser* y *estar*) que constituyen el núcleo significativo del predicado verbal expresado:

Mi hermano trabaja en Valladolid.
Mis padres están en casa.
Mis amigos vendrán a la fiesta de mi cumpleaños.
Pilar nació un dos de marzo en un pueblecito de Asturias.

Las oraciones predicativas pueden presentar diferentes formas oracionales; se dividen en *activas y pasivas:*

Juan ama a la hija de mi vecino (activa).
La hija de mi vecino es amada por Juan (pasiva).

Además, según el valor y la relación significativa de los elementos de la predicación expresada, pueden ser las oraciones predicativas: completas e incompletas:

— *Predicativas completas:* Son las oraciones en las que expresamos el comportamiento del sujeto sólo con el verbo, sin necesidad de complemento directo. Es la predicación con verbos que funcionan como intransitivos:

> *Juan vive en Valladolid.*
> *La miseria existe aún en nuestra sociedad.*
> *Mis hermanos comen en el comedor escolar.*

— *Predicativas incompletas:* Son las oraciones en que para expresar el significado oracional no sólo se necesita indicar el proceso de la acción a través del verbo, sino también el objeto del proceso de la acción verbal a través del complemento directo. Es la predicación que se hace con verbos que funcionan como transitivos:

> *Antonio arregla la bicicleta en casa.*
> *Mi hija saca muy buenas notas.*

La predicación incompleta se expresa generalmente mediante oraciones activas transitivas, pero puede adquirir otras formas o variantes oracionales: oraciones reflexivas, recíprocas, pasivas...:

> *Juan lava la ropa* (transitiva).
> *Juan se lava* (reflexiva).
> *Juan y María se lavan* (recíproca).
> *La ropa es lavada por Juan* (pasiva).

EJERCICIOS:

a) Indicar si la predicación que se da en cada una de las oraciones es completa (verbos intransitivos) o incompleta (verbos transitivos):

1. *Yo no intervengo en este asunto.*
2. *Comunicaremos la nueva noticia a todos.*
3. *El autor escribió esta novela el año pasado.*
4. *Las vacaciones producen satisfacción y alegría.*
5. *Ha escondido la llave en la nevera.*
6. *Yo debo añadir algo a eso.*
7. *Por los altavoces anunciaron su huida.*

8. *Las huelgas repercuten en la economía.*
9. *Emprendieron la marcha con buen ánimo.*

b) Completar las frases que siguen teniendo en cuenta que cada uno de los verbos debe funcionar como transitivo y como intransitivo:

1. *Juan y Antonio pintaron.../Juan y Antonio pintaron...*
2. *Mi vecino trabaja.../mi vecino trabaja...*
3. *La profesora hablaba.../la profesora hablaba...*
4. *El delincuente disparó.../el delincuente disparó...*

4.2.2.1. Oraciones activas

Las *oraciones activas* son aquellas en las que el sujeto realiza la acción verbal:

> *Los alumnos viajarán mañana a Valladolid.*
> *Todos aplaudieron al espontáneo.*

Según las relaciones significativas y sintácticas que presentan, las oraciones activas pueden ser: transitivas, intransitivas, reflexivas, recíprocas e impersonales:

Antonio escribe cartas (transitiva).
Luis trabaja todos los días (intransitiva).
Pilar se mira en el espejo (reflexiva).
Mi novio y su madre se tutean (recíproca).
Había muchos autocares aparcados en la acera (impersonal).

EJERCICIOS:

a) Indicar cuáles de las oraciones que siguen son oraciones activas (el sujeto realiza la acción verbal):

1. *Los bocadillos de tortilla se venden en el bar del instituto.*
2. *El niño desaparecido fue visto ayer por la tarde.*

3. *Esa noticia la dijo el periódico.*
4. *Algunos alumnos serán castigados por sus faltas de disciplina.*
5. *El soldado elevaba la bandera en el asta.*
6. *Las buenas noticias son conocidas por todos.*
7. *Tuvo que arreglar el asunto mi padre.*
8. *Desde el camino se veían a lo lejos las ovejas.*

4.2.2.1.1. *Oraciones transitivas*

Son las oraciones activas que se construyen con complemento directo:

> *Todos los alumnos hicieron el examen.*
> *Ayer vimos a tu hermano en la plaza.*

Los verbos de las oraciones activas funcionan como transitivos ya que expresan el comportamiento del sujeto de forma tan genérica que, para completar su significación, necesitan indicar el objeto del proceso de la acción verbal expresada: el complemento directo.

Así, por ejemplo, ante la pregunta *¿qué hace Juan?*, el hablante necesita en muchos usos lingüísticos explicar no sólo la acción *(escribir),* sino también el proceso de esa acción *(escribir cartas).*

Con todo, la diferencia entre verbos transitivos e intransitivos no siempre es categórica, sino que viene dada por el valor significativo que adquieren en el uso de la lengua.

En sentido estricto, los verbos no son en sí mismo transitivos o intransitivos, sino que se utilizan como transitivos (con c. directo) e intransitivos (sin c. directo):

> *Juan come en casa* (intransitivo).
> *Juan come garbanzos en casa* (transitivo).
> *Mi abuelo canta muy bien* (intransitivo).
> *Mi abuelo canta canciones los días de fiesta* (transitivos).

Bien es cierto que hay verbos que se utilizan casi siempre como intransitivos: *nacer, vivir, brillar, caminar, palidecer, fluir, existir...,* y otros, como transitivos, ya que sin c. directo no adquieren significación completa: *hacer (hacer ruido, calor, zapatos, trajes...), tener (tener dinero, miedo, hambre...), dar (dar permiso, limosna, miedo...).* Pero la línea de separación no es fija ni segura. Así, la lengua admite usos ocasionales como:

"No nací (intransitivo), *me nacieron* (transitivo) *en Zamora"* (Clarín).

En otros usos, algunos verbos pueden funcionar como intransitivos o transitivos sin que varíe sustancialmente su significado, aunque presenten modalidades significativas o estilísticas distintas; son los verbos que admiten un "complemento interno":

Yo vivo (intransitivo)/*yo vivo la vida* (transitivo).
Yo sueño (intransitivo)/*yo sueño sueños extraños* (transitivo).
Yo camino todos los días (intransitivo)/*yo camino el camino de la vida* (transitivo).

EJERCICIOS:

a) Transformar en oraciones intransitivas las oraciones transitivas que siguen sustituyendo el verbo + c. directo por un verbo intransitivo:

1. *Ese señor construía casas en mi barrio.*
2. *Mi hermana hacía trabajos con María.*
3. *Tus amigos tenían quejas de todos.*
4. *Su madre hacía tejidos por la noche.*
5. *La profesora hacía gestos con las manos.*
6. *Ayer mi mujer tenía tos.*

b) Indicar si son transitivas o no las oraciones que siguen, y señalar en su caso el c. directo que aparece:

1. *Tú no haces nada aquí.*
2. *Me preocupa tu comportamiento.*
3. *Señale el error de las siguientes frases.*
4. *Le sacaron una muela sin anestesia.*
5. *A mi compañero de mesa le huelen los pies.*

6. *Todos conocían la noticia de su llegada.*
7. *No tires migas al suelo.*
8. *En los jardines de mi casa crecen flores.*

4.2.2.1.2. *Oraciones intransitivas*

Son las oraciones activas que se expresan sin complemento directo:

> *Juan trabaja para mi padre.*
> *Teresa come en casa todos los días.*
> *Antonio se va para su pueblo.*

Se construyen con verbos intransitivos, que tienen significado completo y no necesitan la expresión del complemento directo:

> *Mi hija canta muy bien.*
> *Mis alumnos vienen todos los días a clase.*
> *Los espectadores se divirtieron mucho.*

EJERCICIOS:

a)   Indicar si son transitivas o intransitivas cada una de las oraciones que aparecen en los pares de frases que siguen, y que se construyen con el mismo verbo, aunque con uso o significado diferente:

1. *Yo nací en un pueblecito de la provincia de Soria.*
2. *A mí me nacieron un día del mes de febrero.*
3. *Mi primo vive en un piso de un barrio residencial.*
4. *Hay que vivir la vida intensamente.*
5. *Ayer soñé sueños fantásticos.*
6. *Yo soñaba con el premio gordo de la lotería.*

b)   Indicar si son transitivas o intransitivas las oraciones siguientes:

1. *A nadie le amarga un dulce.*
2. *A mí no me eches la culpa de todo.*

3. *A nosotros siempre nos olvidan.*
4. *A mí me apetece ahora un buen bocadillo de jamón.*
5. *Cámbiale su bicicleta por tu minicadena.*
6. *Reinaba un gran silencio en ese momento.*
7. *Su padre le trajo vino de la tierra de sus abuelos.*
8. *Alguien me condujo por unas escaleras hasta el piso de arriba.*
9. *Los he visto muy interesados en ese proyecto.*
10. *Me ha gustado mucho tu felicitación.*

4.2.2.1.3. *Oraciones reflexivas*

Las oraciones reflexivas son una variante de las oraciones transitivas. Su característica definitoria es que el sujeto que realiza la acción y el objeto que la recibe coinciden:

> *Mi madre lava a Teresa* (transitiva).
> *Teresa lava a Teresa/Teresa se lava* (reflexiva).

Por la relación y significado oracional que presentan, podemos señalar dos tipos de oraciones reflexivas: directas e indirectas.

— *Reflexivas directas:* Son aquellas en las que el objeto directo (el complemento directo representado por un pronombre reflexivo) coincide con el sujeto:

Antonio se afeita (Antonio afeita a Antonio).
Mi hermana se peina más de veinte veces al día (mi hermana peina a mi hermana...).

— *Reflexivas indirectas:* Son aquellas oraciones en las que es el complemento indirecto (representado por un pronombre reflexivo) el que coincide con el sujeto:

> *Antonio se afeitó ayer el bigote.*
> *Mi hermana se peina el flequillo más de veinte veces al día.*

Además, en el uso lingüístico se pueden distinguir dos tipos de oraciones reflexivas: reflexivas gramaticales y reflexivas formales.

— *Las oraciones reflexivas gramaticales* son las reflexivas propias, las auténticas reflexivas, las que tienen forma (el sujeto y el objeto coinciden) y significado reflexivo (el sujeto es a la vez el que realiza y recibe la acción verbal):

> *Los hombres educados se bañan todos los días.*

— *Las oraciones reflexivas formales* son las que, sin ser reflexivas, coinciden formalmente con éstas:

> *Yo me voy ahora.*
> *Tú no te arrepientes de nada.*
> *El niño se comió toda la tarta.*

Adquieren forma reflexiva porque se construyen con verbos que necesitan un pronombre para su conjugación, pero carecen de valor reflexivo, ya que la acción no recae sobre el sujeto que la realiza:

> *Juan se va* (no cabe, *Juan va a Juan*).
> *Juan se atreve* (no cabe, *Juan atreve a Juan*).

La presencia de verbos pronominales es muy frecuente en el uso de la lengua; entre ellos: *alegrarse, emocionarse, conmoverse, serenarse. Espantarse, horrorizarse, acordarse, intimidarse, envalentonarse, embravecerse, atreverse, aventurarse, arriesgarse, amilanarse. Irritarse, enojarse, pavonearse, vanagloriarse, envanecerse. Asombrarse, maravillarse, pasmarse, irse, marcharse, venirse, volverse, salirse, entrarse, subirse, bajarse, asomarse, esconderse, agacharse, acuclillarse, encogerse, contraerse, estirarse, desbordarse, enderezarse, retorcerse...*

En otros casos, se dan otros verbos aparentemente reflexivos (en su uso no coinciden el sujeto y el objeto) que no siempre necesitan un pronombre para su conjugación:

> *Mi padre pasea/mi padre se pasea.*
> *El niño aprende la lección/el niño se aprende la lección.*
> *Juan teme lo peor/Juan se teme lo peor.*

Son verbos que llevan un pronombre ético o de interés (véase § 6.1.3.), e indican que el sujeto realiza la acción en su propio beneficio, interés o provecho.

Con todo, como ya queda explicado, en ninguno de los ejemplos anteriores, ni en los que siguen: *yo me voy/tú te arrepientes/Juan se pasea...* se representan oraciones reflexivas, sino que son oraciones transitivas o intransitivas con formas pronominales (pronombres verbales y pronombres éticos).

EJERCICIOS:

a) Indicar si las oraciones que siguen son reflexivas formales o reflexivas gramaticales:

1. *Mi novia se mira en el espejo constantemente.*
2. *Todos se fueron corriendo de aquí.*
3. *Mi madre se enfadó ayer mucho con mi hermano.*
4. *Se afeita todas las mañanas con máquina eléctrica.*
5. *Mi gatito se tiró desde la terraza.*
6. *De pequeña, tú te caías frecuentemente.*
7. *Mi padre se alegra de mis triunfos.*
8. *Mis hijos se bañan todos los veranos en el mar.*
9. *¡Vámonos todos a la fiesta!*

b) Indicar si las oraciones que siguen son reflexivas directas o indirectas:

1. *Se lava todos los días las manos.*
2. *Se miraba en el espejo el ojo lesionado.*
3. *Juan se pintó en un cuadro.*
4. *Mi primo se subió al tren rápidamente.*
5. *Se peinaba el flequillo con un peine de plata.*
6. *Los pastores se afeitan por las noches.*
7. *Mi madre se ha pintado las uñas de color morado.*
8. *Se lavaba la cara con agua de rosas.*

4.2.2.1.4. *Oraciones recíprocas*

Las *oraciones recíprocas* son una variante de las oraciones reflexivas. Sólo se diferencian de éstas en el hecho de que son varios los sujetos que realizan y reciben la acción mutuamente:

> *Juan ama a María/María ama a Juan* (transitivas).
> *Juan y María se aman* (recíprocas).

La línea semántica de reciprocidad viene marcada por el hecho significativo de que son varios los sujetos que actúan y que reciben las acciones que se intercambian:

> *Luis y Antonio se tutean (Luis tutea a Antonio y Antonio tutea a Luis).*

De igual manera que las oraciones reflexivas, las recíprocas pueden ser directas e indirectas.

— *Recíprocas directas:* Cuando el pronombre recíproco funciona como complemento directo:

> *Pili y Antonio se besan muy a menudo.*

— *Recíprocas indirectas:* Cuando el pronombre recíproco funciona como complemento indirecto:

> *Pili y Antonio se dan besos muy a menudo.*

EJERCICIOS:

a) Indicar si son recíprocas o no las oraciones que siguen:

1. *No nos prepararon el equipaje.*
2. *Nos vimos a través del espejo.*
3. *Se pasan la pelota los unos a los otros.*
4. *El profesor y los alumnos se tutean.*
5. *Mis hijos se sacaron el carnet de conducir a la primera.*
6. *Todos los alumnos se quedaron blancos.*

7. *Los jugadores se golperaron en presencia del árbitro.*
8. *Nos grabaron las pulseras en tiendas distintas.*

b) Señalar si son directas o indirectas las oraciones recíprocas que siguen:

1. *Se hacen la cama unos a otros.*
2. *Mi hermano y su novia se besaban a escondidas.*
3. *Se insultaron gravemente.*
4. *Se miraban las cicatrices de sus heridas con ingenua curiosidad.*
5. *Sólo se tuteaban en las reuniones políticas.*
6. *En la despedida nos abrazamos con emoción.*
7. *Se dieron patadas durante todo el partido.*
8. *Nos vimos desde la terraza de nuestros pisos.*

4.2.2.1.5. *Oraciones impersonales*

Las oraciones impersonales son aquellas que presentan una estructura oracional unimembre (sólo tienen predicado), ya que carecen de sujeto gramatical:

> *Hace frío aquí.*
> *Ayer nevó en la Sierra de Madrid.*
> *Había muchos alumnos en el patio.*
> *Se ve a los presos tras el muro.*
> *Dicen cosas raras del amigo de tu vecino.*

Podemos distinguir cuatro tipos de oraciones impersonales: impersonales de fenómeno meteorológico, impersonales gramaticalizadas, impersonales reflejas e impersonales ocasionales.

a) *Impersonales de fenómeno meteorológico:* Son las oraciones que carecen de sujeto y que significativamente se refieren a fenómenos atmosféricos o de naturaleza:

> *Este año ha llovido poco.*
> *Ayer nevó mucho en Soria.*

Se construyen con los llamados verbos unipersonales (impersonales naturales): *llover, tronar, helar, relampaguear, amanecer, anochecer...*, que carecen de sujeto.

Este tipo de oraciones tienen un pequeño porcentaje de frecuencia en el uso lingüístico, pero, sin embargo, sí son un ejemplo significativo claro de cómo no siempre coincide la forma de la expresión lingüística con la realidad expresada: en la conciencia de los hablantes está muy clara la idea de que en la realidad en que vivimos no hay efecto sin causa (acción sin actor), por lo tanto, en las oraciones *llueve, truena...*, habría que marcar el actor de la acción referida: *¿¿¿Dios??? llueve, ¿¿¿Dios??? truena....* Sin embargo, todos los hablantes las expresan como unipersonales, ya que se resisten a aceptar que estas realidades: *llover, tronar...* respondan a las actuaciones de un solo actor; ni siquiera en una concepción teocéntrica sería lógico personalizar el sujeto en Dios.

   b) *Impersonales gramaticalizadas:* Son las oraciones que carecen de sujeto y que se construyen con verbos que en otros usos lingüísticos no son impersonales; fundamentalmente con los verbos *haber, hacer* y *ser:*

> *Hay fiestas en el pueblo.*
> *Hace frío.*
> *Es temprano todavía.*

Se las llama impersonales gramaticalizadas (transformadas) porque han ido sufriendo un proceso de gramaticalización desde estructuras con sujetos hipotéticos o posibles, hasta llegar a adquirir la forma impersonal.

En los ejemplos anteriores podríamos señalar sujetos posibles como:

> *(La gente) tiene fiestas.*
> *(El tiempo, Dios...) hace frío.*
> *(El momento referido) es temprano.*

Pero como estos sujetos hipotéticos o posibles no siempre son significativamente precisos, ni responden a sensaciones de razonamiento lógico en la mayor parte de los usos, los hablantes las expresan en forma impersonal.

Con todo, es frecuente en la mayor parte de la zona oriental de España y en algunos países hispanoamericanos, el uso incorrecto de algunas de estas oraciones en forma personal:

> *Habían muchas personas en la plaza.*
> *Hubieron grandes heladas el invierno pasado.*

Se utiliza el verbo en plural concertando con el complemento plural, porque éste no se siente como complemento, sino —por confusión— como sujeto. Pero estos usos no son normativos y deben evitarse.

   c) *Impersonales reflejas:* Son una variante de las oraciones pasivas reflejas, que se estudian más adelante.

El uso de este tipo de oraciones se ha visto favorecido por el rechazo casi generalizado que se da, sobre todo en la lengua hablada, al uso de la pasiva.

Además, su significado impersonal favorece el uso en situaciones en que intencionadamente se quiere destacar la impersonalidad de lo contado o narrado; por ejemplo:

> *A los ladrones se los ha visto por la calle.*
> *Se ve a los presos en el patio de la cárcel.*
> *Se les ha dicho ya la noticia a todos los jugadores.*

En la mayor parte de los usos coinciden formalmente con las oraciones pasivas reflejas; así, las oraciones: *Se vende piso; se alquila una habitación,* por su forma, pueden interpretarse como pasivas (*piso* y *habitación* serían los sujetos) o como impersonales (*piso* y *habitación* serían complementos directos).

Con todo, los gramáticos prefieren realizarlas como pasivas reflejas, ya que la pasiva refleja es la construcción primera y más propia en nuestra lengua.

Sin embargo, cuando el verbo va en plural: *Se venden pisos, se alquilan dos habitaciones,* no hay posibilidad alguna de interpretarlas como impersonales (la impersonalidad se expresa con verbos en tercera persona de singular), son sólo pasivas.

Por ello, es frecuente encontrar en la lengua hablada, sobre todo en Hispanoamérica, expresiones como *se vende pisos, se alquila habita-*

ciones, se hace fotocopias, se vende pipas..., que aunque cada vez son más frecuentes, son gramaticalmente incorrectas e inadecuadas.

La extensión de estas frases, que consideramos vulgares, se ve favorecida por el descuido popular en las concordancias gramaticales y por la intención de expresar estas oraciones como impersonales, que es la forma que presentan, aunque sea incorrecta e inadecuada.

De esta forma, el análisis como impersonales reflejas queda reducido al uso de oraciones con verbo en singular que carezcan de sujeto pasivo expreso: *Se vive feliz; se está bien aquí; se habla de eso; se admira a los valientes...,* y también, a oraciones que expresen significativamente la impersonalidad de forma destacada, aunque formalmente pudieran ser también pasivas reflejas, que, como decíamos, es la forma preferida: *se dice eso; se comenta la noticia; se pensaba que vendría antes; aquí se hace la declaración de la renta...*

d) *Impersonales ocasionales:* Son aquellas oraciones que aparecen sin sujeto expreso, bien por razones de intencionalidad significativa, o porque el sujeto es indeterminado o genérico:

> *Dicen que tocan.*
> *Hablan mal de ti.*

Se construyen con verbos en tercera persona de plural, por lo que no son formalmente impersonales propias (la impersonalidad se expresa en tercera persona de singular), sino oraciones personales con sujeto omitido; incluso, en muchos usos de este tipo de expresiones, podemos conocer el sujeto por el contexto o por la situación comunicativa.

EJERCICIOS:

a) Indicar qué tipo de oraciones impersonales aparecen:

1. *Se habla de eso en todas parte.*
2. *Hubo lluvias abundantes en la India el mes pasado.*
3. *Hay muchas mesas rotas en esta clase.*
4. *Ya es muy tarde.*

5. *Nevaba intensamente esta mañana.*
6. *Dicen cosas feas de tu novio por ahí.*
7. *Se quejaban del temario de la asignatura.*
8. *Hubo muchos accidentes este fin de semana.*
9. *En esta clase hace calor.*
10. *Se los veía a los alumnos preocupados.*
11. *Se critica sin motivos a la mayor parte de los jugadores del equipo.*
12. *En las perreras hay muchos animalitos abandonados.*

b) De las oraciones que siguen, señalar cuáles son, o pueden ser, impersonales reflejas:

1. *Se hacían a escondidas pasaportes falsos.*
2. *Se divisaban a lo lejos aviones de combate.*
3. *Se castigará duramente a los traficantes de droga.*
4. *Se veía a los cazas a lo lejos.*
5. *Se prometió mano dura en la lucha contra la droga.*
6. *Se dice eso por ahí de tu equipo.*
7. *Se alquilaba un piso amueblado en tu barrio.*
8. *Se comentaba entre los asistentes el fracaso de tu equipo favorito.*

4.2.2.2. Oraciones pasivas

Son las oraciones en las que el sujeto no realiza la acción, sino que la recibe o la padece:

> *Los libros son vendidos.*
> *Juan es amado por María.*
> *Se venden libros.*
> *Los ladrones han sido vistos en la calle.*
> *El coche fue desviado por la policía por un atajo.*

Las oraciones pasivas no son más que oraciones activas transitivas transformadas, en las que se han operado cambios significativos y formales:

— *Cambios significativos:* La voz activa indica que la significación del verbo es producida por el sujeto: *Juan lee libros;* la pasiva, que la significación del verbo es recibida por el sujeto: *Los libros son leídos por Juan.*

— *Cambios formales:* El complemento directo de la oración activa pasa a sujeto de la pasiva; el sujeto de la activa pasa a complemento agente en la pasiva, y el verbo, que adquiere forma pasiva, pasa a concordar con el nuevo sujeto: *Todos comen pan /el pan es comido por todos.*

En el uso de la lengua predominan las formas verbales activas; la voz pasiva se utiliza muy poco en la lengua hablada, y su uso ha quedado reducido a la lengua escrita. Incluso, hay gramáticos que niegan la existencia de la voz pasiva en español y expresan que las formas pasivas no son más que estructuras atributivas o formas perifrásticas de participio.

Y es que ya desde antiguo las formas de la voz pasiva quedaron relegadas al uso de la lengua literaria y de la lengua escrita; en la lengua hablada y popular siempre se ha preferido el uso de la voz activa. A los hablantes les interesa más destacar la actividad de un agente (voz activa) que la receptividad del paciente (voz pasiva).

Además, en el mundo hispánico, destacar el protagonismo de la acción y ser protagonista ha marcado siempre la pauta de conducta de los hablantes. Ningún alumno dice, por ejemplo: *yo he sido suspendido por el profesor,* sino: *el profesor me ha suspendido;* sin embargo, sí dice: *yo he conseguido un premio,* y no: *el premio ha sido conseguido por mí.*

Por otra parte, ya desde el latín vulgar se fueron perdiendo las formas propias de la voz pasiva, por lo que en el uso lingüístico las formas pasivas son para los hablantes formas impropias, formas combinadas (ser + participio) de la conjugación verbal: *yo soy amada por mi novio.*

Como conclusión, podemos anotar que son varias las razones por que la pasiva es poco usada en nuestra lengua, a diferencia de lo que ocurre en otras lenguas próximas, por ejemplo, en el francés o en el inglés. Entre las razones de la escasa presencia de la voz pasiva destacamos:

a) Porque significativamente no se adecua al carácter de la expresión latina, que prefiere destacar el protagonismo del agente antes que la receptividad del paciente:

*El entrenador me ha apartado del equipo (*y no, *yo he sido apartado...).*

Además, en español podemos recurrir a otros medios léxicos para expresar también la línea semántica de la pasividad, si es lo que necesitamos expresar, sin recurrir a las formas pasivas:

El cuadro cuelga del clavo (en vez de: *el cuadro es sostenido por un clavo*).

b) Porque las oraciones en voz pasiva coinciden con las oraciones activas transitivas, que son, además, más fáciles de expresar:

Yo como pan = el pan es comido por mí.

c) Porque, a nivel formal, las construcciones en pasiva coinciden frecuentemente con estructuras atributivas o copulativas:

Juan es amigo/Juan es culto/Juan es leído (atributivas).
Juan es amado/Juan es leído (pasivas).

d) Porque no todos los verbos admiten formas en pasiva; sólo adquieren voz pasiva aquellos verbos que pueden usarse como verbos transitivos:

*Yo soy amado/*pero no **yo soy existido.*

Las oraciones pasivas, según las relaciones oracionales significativas y sintácticas que presentan, pueden ser:

— *Pasivas propias.*
— *Pasivas impropias (pasivas reflejas).*

EJERCICIOS:

a) Convertir en pasivas las siguientes oraciones activas transitivas:

1. *Los bordados proporcionan al vestido un valor particular.*
2. *El agente multó al camionero.*
3. *Las empresas han agotado sus recursos.*

4. *Unos desconocidos atacaron al taxista.*
5. *El guarda de mi finca vigila muy bien el garaje.*
6. *Mis hijos han estropeado la máquina de escribir.*
7. *El Madrid ha conseguido la Copa de Europa.*
8. *Clausuraron el simposio hace unos días.*

b) Transformar en activas las oraciones pasivas siguientes:

1. *Me fue entregada la documentación por la policía.*
2. *El balón fue devuelto por el público al terreno de juego.*
3. *El banco de mi calle ha sido asaltado por unos atracadores.*
4. *El Presidente fue recibido por el Rey.*
5. *El equipo de mi tierra fue goleado por el Real Madrid.*
6. *El coche fue desviado por un camino por los manifestantes.*

4.2.2.2.1. *Oraciones pasivas propias*

Son las oraciones que tienen forma y significado pasivo:

— *Forma pasiva:* El verbo se construye en voz pasiva:

> *Los hijos son amados por los padres.*
> *Los ladrones fueron vistos ayer.*

— *Significado pasivo:* El sujeto recibe o padece la acción verbal:

> *Este libro fue escrito por Delibes.*
> *La noticia es ya conocida de todos.*

Según la forma de expresión que presenten, las pasivas propias pueden ser: primeras de pasiva y segundas de pasiva.

— *Primeras de pasiva:* Son las que llevan el complemento agente expreso:

> *Los ladrones fueron capturados **por la policía.***
> *Las buenas noticias son conocidas **de todos.***

— *Segundas de pasiva:* Son las que no llevan el complemento agente expreso:

> *El libro fue escrito en mil novecientos ochenta y uno.*
> *La derrota del equipo había sido anunciada.*

EJERCICIOS:

a) Señalar el complemento agente en las siguientes oraciones:

1. *Pilar fue vista por su hermano en el parque.*
2. *La noticia en ese momento era conocida de todos.*
3. *El asesinato fue presenciado por todos los vecinos.*
4. *El delegado fue rechazado por la gente por incoherente.*
5. *En mi casa, la máquina de escribir ha sido sustituida por el ordenador.*
6. *La noticia ha sido anunciada por televisión por unos policías.*

b) Indicar cuáles de los sintagmas preposicionales introducidos por la preposición *por* funcionan como complemento agente:

1. *La colecta ha sido organizada por todo el mundo por la liga antisida.*
2. *La noticia ha sido publicada por el periódico del domingo.*
3. *Los soldados lo hicieron por obediencia, no por convencimiento.*
4. *Por todo el pueblo fue propagada la noticia por el mismísimo hijo de la víctima.*
5. *Por todos los sitios fue buscada la persona desaparecida.*
6. *Por las buenas o por las malas, debe ser hecho lo que yo mandé.*

4.2.2.2.2. *Oraciones pasivas impropias (pasivas reflejas)*

Son las oraciones que tienen significado pasivo (el sujeto recibe o padece la acción verbal), pero no forma pasiva (el verbo se construye en voz activa):

> *Se hacen fotocopias.*
> *Se venden pisos.*
> *Se corta el pelo a navaja.*

La pasiva refleja es una estructura muy utilizada en nuestra lengua desde los primeros tiempos del castellano. (Véase en § 4.2.2.1.5 su relación con la impersonal refleja).

En su origen y frecuencia de uso, hay que tener en cuenta la gran resistencia por parte del pueblo a utilizar la pasiva como forma de expresión, por lo que se recurre al uso de este tipo de oraciones, la pasiva refleja, para expresar significados oracionales en los que el sujeto no es agente, sino receptor de la actividad indicada por el verbo oracional:

> *Se venden pisos = los pisos son vendidos.*

La pasiva refleja sólo se utiliza en tercera persona, y con el pronombre *se* (marca de pasiva refleja) como acompañante de la forma activa del verbo:

> *Se arreglan coches.*
> *Se limpian trajes de fiesta.*
> *Se alquilan balones de fútbol.*
> *Se venden entradas.*

Pueden llevar complemento agente: *se venden bocadillos por los camareros en el bar,* pero como su uso parece inelegante, suelen aparecer casi generalmente sin él: *se venden bocadillos en el bar,* con lo que la oración adquiere, además, un significado impersonal, ya que el hablante intenta ocultar generalmente con el uso de este tipo de estructuras el agente de la acción expresada:

> *Se venden pisos allí.*
> *Se hacen tartas de encargo.*

EJERCICIOS:

a)   Transformar en pasivas reflejas las oraciones pasivas que siguen:

1.   *El cursillo fue clausurado hace unos días.*

2. *El pelotón de los ciclistas fue desviado por un camino.*
3. *Me fue entregada la documentación en su despacho.*
4. *El próximo verano será cerrada la biblioteca.*
5. *La noticia fue recibida con muestras de alegría.*
6. *Las puertas de Europa han sido cerradas a los emigrantes africanos.*
7. *Aquellos pisos fueron vendidos a bajo precio.*
8. *Ya han sido alquiladas las últimas viviendas.*
9. *Aquella marisquería fue cerrada por orden judicial.*

b) Indicar cuáles de las oraciones con *se* que aparecen son pasivas reflejas:

1. *Se divulgan más rápidamente las noticias malas que las buenas.*
2. *El paquete se cayó al agua del cubo de la fregona.*
3. *Se hicieron fotocopias para todos.*
4. *Se habla mucho de política estos días.*
5. *Se dijeron cosas triviales en la conferencia.*
6. *Se les ve a todos preocupados.*
7. *Juan se comió toda la tarta.*
8. *Se está muy bien aquí.*
9. *Se prepararon los enseres necesarios para el viaje.*

4.3: EJERCICIOS DE RECAPITULACIÓN Y DE AUTOEVALUACIÓN

1. Indicar cuál de las siguientes oraciones imperativas (exhortativas) es incorrecta:

   a) *Tú harás esto ahora.*
   b) *No estudiad este tema.*
   c) *A trabajar todos ahora.*
   d) *No digáis más eso.*

2. Señalar cuál es la oración atributiva:

a)   *Los alumnos caminan todos los días tres kilómetros.*
b)   *Mis hijos viven felices con su familia.*
c)   *Los buenos amigos acuden en caso de necesidad.*
d)   *Todos los alumnos estaban en clase.*

3.   Entre las oraciones que siguen, indicar cuál es impersonal:

a)   *Se hablan idiomas.*
b)   *Ha estado llamando todos los días.*
c)   *Aprenderás corte y confección.*
d)   *Hubo muchos asistentes al espectáculo.*

4.   Señalar la oración recíproca que aparece:

a)   *Nos dieron un gran susto.*
b)   *Nos mirábamos Pilar y yo a través del espejo.*
c)   *Nos lo dijeron tus padres.*
d)   *Nos vamos mañana a Soria.*

5.   ¿Qué oración es predicativa completa?

a)   *Juan pidió permiso al jefe.*
b)   *A mi hermano le gusta el café.*
c)   *Ayer se cortó el pelo mi novio.*
d)   *El equipo de mi instituto ha ganado el trofeo.*

6.   Indicar cuál de las siguientes oraciones es primera de pasiva:

a)   *Fueron encontrados los niños por el monte.*
b)   *Las noticias son conocidas de todos los presentes.*
c)   *Por tu bien será buscado un nuevo profesor.*
d)   *Por nuestra culpa fueron capturados.*

7.   ¿Cuál de las oraciones que siguen es impersonal gramaticalizada?

a)   *Todos son buenos chicos.*
b)- *Es muy pronto para la cena.*

   c)   *Mis hijos serán los elegidos.*

   d)   *Serás un buen arquitecto, Antonio.*

8.   Señalar cuál es la oración reflexiva propia:

   a)   *Mi amigo se marchó ya.*

   b)   *Me miro todos los días las canas.*

   c)   *Mis hijos se aprecian mucho.*

   d)   *No me arrepiento ahora de nada.*

9.   Entre las oraciones que siguen, indicar cuál es predicativa:

   a)   *Ha escondido el pendiente en el zapato.*

   b)   *La bodega se encuentra estropeada.*

   c)   *Los visitantes llegaron contentos hasta la casa.*

   d)   *La mentira siempre vive asustada.*

10.   ¿Cuál de las siguientes oraciones no es interrogativa indirecta?

   a)   *Ya vimos cómo lo hacéis.*

   b)   *Ignoro qué te trae por aquí.*

   c)   *Nunca sabremos quiénes eran.*

   d)   *Desconocemos el porqué de tu comportamiento.*

11.   Señalar cuál de las siguientes expresiones oracionales no indica duda:

   a)   *Serán las diez.*

   b)   *Deben de ser las diez.*

   c)   *Quizá sean las diez.*

   d)   *Deben ser las diez.*

12.   Señalar la oración intransitiva:

   a)   *Todos han visto lo sucedido*

   b)   *A tu amigo le huelen los pies.*

   c)   *Había grandes rebajas en aquel comercio.*

   d)   *A todos os avisaré en su momento.*

13.   Indicar qué oración interrogativa puede tener valor metafórico o retórico:

    a)   *Dime cuántos años tienes.*
    b)   *¿Acaso no tengo ganas de trabajar?*
    c)   *¿Tienes hora?*
    d)   *¿Quiénes han venido a tu fiesta?*

14.   Señalar qué enunciado tiene valor significativo afirmativo o positivo:

    a)   *No nos preocupó eso jamás.*
    b)   *Nos importaba un bledo su comportamiento.*
    c)   *Lo conseguiremos no sin gran esfuerzo.*
    d)   *No, no lo diré nunca.*

15.   La oración *Me importan un comino todas estas cosas* es:

    a)   *Dubitativa.*
    b)   *Exhortativa.*
    c)   *Exclamativa.*
    d)   *Enunciativa negativa.*

16.   En la oración *Dime cuánto vas a tardar más o menos*, la proposición subrayada es:

    a)   *Dubitativa.*
    b)   *Exhortativa.*
    c)   *Enunciativa afirmativa.*
    d)   *Interrogativa indirecta.*

17.   ¿Cuál de las siguientes oraciones es impersonal?

    a)   *Se contaban chistes muy alegres en la fiesta.*
    b)   *Hubo mucho jaleo en la fiesta.*
    c)   *Vinieron todos a la fiesta.*
    d)   *Se vendieron muchas cocacolas en la fiesta.*

18. La oración *¡Qué cara es la entrada, Santo Dios!* es:

    a) *Interrogativa directa.*
    b) *Exhortativa.*
    c) *Exclamativa.*
    d) *Desiderativa.*

19. ¿Cuál de las siguientes oraciones no es predicativa?

    a) *La fuente sigue en el mismo sitio.*
    b) *La fuente sigue sin agua.*
    c) *La fuente sigue seca.*
    d) *La fuente tiene poca agua.*

20. Indicar cuál es la interrogativa indirecta total:

    a) *Me traerán un regalo si vienen.*
    b) *¿Sabes quién ha venido?*
    c) *Si lo sabes, dímelo.*
    d) *Me preguntaron si venían mis padres a la fiesta.*

CAPÍTULO 5

LA ORACIÓN COMPUESTA

5.1. ORACIÓN COMPUESTA O/Y ORACIÓN COMPLEJA

En los capítulos anteriores hemos definido la oración como unidad mínima del habla que tiene sentido completo en sí misma, y, además, como la unidad básica del estudio gramatical.

También hemos anotado anteriormente la distinción entre oración simple y oración compuesta:

— *Oración simple:* Indica una sola acción verbal y se expresa con un solo verbo:

> *El profesor explica todos los días la lección.*
> *Los alumnos hablan con frecuencia en las clases.*
> *Los buenos alumnos deben atender todos los días.*
> *Mi hija y mi hijo son muy estudiosos.*

— *Oración compuesta:* Indica más de una acción verbal y se expresa con dos o más verbos:

> *El profesor explica la lección para que todos la entiendan.*
> *Los alumnos no deben hablar en clase porque se despistan.*
> *Mis hijos, que son muy estudiosos, aprueban todo.*

Estas diferencias anotadas, que parecen claras y sencillas, y que se dan casi de forma general en los manuales de gramática, se presentan, sin embargo, con menor precisión en los análisis sintácticos. Ello se debe al hecho de que en los distintos modelos de análisis que van apareciendo, se presentan diferenciados términos que, sobre todo para los estudiosos que no hayan alcanzado un nivel superior de conocimiento lingüístico, deberían de ser idénticos.

Por otra parte, es cierto que en el sentido estricto, la diferencia entre oración simple y oración compuesta, no siempre es tajante o absolutamente precisa, sino que a veces se plantean dificultades de delimitación; del mismo modo que no siempre coinciden los términos de oración compuesta y oración compleja, ni son absolutamente precisos otros términos sintácticos de uso general: *oración/proposición; oración principal/oración subordinada; proposición inordinada/proposición subordinada...*, etc.

Nosotros creemos que no es imprescindible una terminología complicada, ni tampoco una terminología absolutamente precisa, para conseguir un resultado positivo en los ejercicios de sintaxis, y mantenemos por ello los términos sintácticos que ya son tradicionales y de uso muy extendido desde los estudios de A. Bello, S. Gili Gaya y A. Alonso, entre otros.

Así, creemos que la oración simple y la oración compuesta coinciden en cuanto que forman un período oracional que expresa una unidad de comunicación sentida como tal por los hablantes, y que se diferencia en la expresión o forma gramatical que presentan: un solo verbo (o. simple)/dos o más verbos (o. compuesta):

> *Juan desea mi venida* (o. simple).
> *Juan desea que yo venga* (o. compuesta).

Con todo, hay gramáticos que interpretan como oraciones compuestas, oraciones simples en que aparecen elementos sintácticos análogos unidos por nexos o conjunciones (que según la gramática tradicional eran elementos lingüísticos que unen oraciones).

Así: *Juan y Antonio trabajan en Valladolid* y *Jesús estudia Derecho y Medicina*, serían oraciones compuestas con elementos elípticos: *Juan trabaja en Valladolid y Antonio trabaja en Valladolid; Jesús estudia Derecho y Jesús estudia Medicina.*

Pero creemos que no es acertado este análisis ya que, aunque podemos ver en los elementos análogos coordinados equivalentes lógicos de oraciones elípticas, en la realidad expresada, no son más que oraciones simples con sujetos y objetos múltiples.

Además, también en la oración simple las conjunciones pueden unir elementos sintácticos análogos coordinados entre sí:

Juan y Pedro juegan al fútbol/ellos juegan al fútbol.

Por otra parte, en nuestro estudio vamos a considerar equivalentes los términos oración compuesta y oración compleja, aunque creamos que es el segundo el término más exacto, ya que toda oración compuesta es gramaticalmente un período oracional complejo formado por dos o más oraciones simples, que indican una sola unidad de comunicación, o unidad significativa, sin ser la expresión de dos o más oraciones simples agrupadas (o. compuesta), sino la expresión de un contenido unitario que presenta varias estructuras oracionales:

Antonio desea que su hermana apruebe.
(desea su aprobado)

Sin embargo, este término (oración compleja) presenta una frecuencia de uso menor, y además, para otros autores (I. Bosque y otros) adquiere valores añadidos —utilizan este término sólo para referirse a las oraciones compuestas formadas por estructuras o cláusulas oracionales independientes— cuya distinción creemos que no es necesario introducir aquí. Es por ello por lo que dejamos de usarlo de forma sistemática en nuestra exposición.

EJERCICIOS:

a) Transformar las oraciones compuestas siguientes en oraciones simples procurando conservar, al menos aproximadamente, su significado:

1. *Me preocupa mucho que tu amigo se haya retrasado.*
2. *Mañana te regalaré esa chaqueta que era de mi madre.*
3. *No vayas hoy allí hasta que no den las once.*
4. *Todos esperábamos que nuestro amigo tuviera éxito.*
5. *Los que juegan bien al fútbol pueden salir ahora de clase.*

    6.   *Los padres trabajan muchas veces para que los hijos vivan mejor.*

    7.   *Todos querían los artículos que se habían rebajado.*

   b)   Indicar si las oraciones que siguen son compuestas u oraciones simples con elementos coordinados

    1.   *Ese chico parece espabilado y trabajador.*

    2.   *Todos pensaban que era lo más conveniente.*

    3.   *Mi hermano trabaja y estudia.*

    4.   *Eulalia y Florencio son novios.*

    5.   *Pilar estaba contenta y feliz aquel día.*

    6.   *¿Bebéis agua o cerveza?*

    7.   *Hoy no he comprado todavía ni el pan ni el periódico.*

    8.   *Te lo cuento como ocurrió.*

    9.   *Confía en mí y lo harás bien.*

   10.   *He traído una tarta para ti y para mí.*

5.2. ORACIÓN Y PROPOSICIÓN

Si los términos *oración compuesta/oración compleja* pueden presentar variaciones de uso y de interpretación, como ya hemos anotado, es aún mayor la pluralidad interpretativa que presentan en los manuales de gramática los términos *oración/proposición* para referirse a las unidades, cláusulas o estructuras oracionales que forman el período oracional compuesto o complejo.

Nosotros, denominamos *oración* a la expresión del período oracional que tiene forma oracional y sentido oracional (sentido completo), y *proposición,* a la expresión del período que tiene forma oracional pero carece de sentido completo:

    Mi amigo no ha venido a clase *porque está enfermo.*
          oración   proposición

    Si no vienes, *no te daré el regalo.*
    proposición   oración

    Mi padre estudia *y trabaja.*
       oración   oración

> *Mi madre quiere que sea arquitecto.*
> oración   proposición

Estos términos: *oración /proposición,* coinciden en parte con los términos ya tradicionales de oración principal y oración subordinada, aunque en nuestro estudio reservamos el término de subordinada para un subapartado de la proposición.

Con todo, sabemos que el término proposición adquiere distintos significados, valores y usos en los manuales de gramática. Así, es frecuente encontrar el término proposición para hacer referencia a cada una de las estructuras oracionales que forman un período oracional complejo:

> *Mi madre quiere que sea arquitecto.*
> proposición   proposición

Sin embargo, nosotros usamos el término con el significado que es ya tradicional desde Andrés Bello, y que hemos anotado anteriormente: expresión que es oración por la forma, no por el sentido:

> *Mi madre quiere que sea arquitecto.*
> oración   proposición

Aun así, hay que admitir que en el uso lingüístico y en el análisis oracional, la distinción entre oración y proposición no siempre es clara y precisa.

En principio, la proposición presenta dependencia gramatical y significativa de la oración, y funciona como un elemento sintáctico o como complemento de ella, pero a veces puede absorber el interés expresivo dominante del período oracional.

Así, en la oración compuesta: *Si no vienes* (proposición), *no te veré* (oración), la proposición es significativamente más relevante, ya que condiciona el significado de la oración.

Por otra parte, la oración no siempre tiene significado completo; en muchos usos de la lengua el significado de la oración no se entiende sin la proposición, que no sólo complementa su valor expresivo, sino que, incluso, puede ser un elemento de ella. Por ejemplo, en el período oracional: *Que vengas con nosotros* (proposición) *me agrada* (oración), la oración por sí sola carece de significado, aunque sea sentida como estructura más expresiva o principal por los hablantes.

EJERCICIOS:

a) Transformar los períodos oracionales formados por una proposición subordinada concesiva y una oración, en períodos con oraciones coordinadas.

1. *Aunque me han arreglado el reloj, no funciona.*
2. *Aunque le han prohibido el tabaco, sigue fumando.*
3. *Aunque se lo dije, no me hizo caso.*
4. *Aunque sabía la respuesta, no lo dijo.*
5. *Aunque come mucho, no engorda.*
6. *Aunque tiene fiebre, no toma medicamentos.*
7. *Aunque lo haga el diablo, hágase el milagro.*

b) Señalar las oraciones y proposiciones que forman los períodos oracionales complejos:

1. *No te rías, que no estoy para bromas.*
2. *Cuando cumplas veinte años, te compraré un coche.*
3. *Porque eres siempre tú, te quiero.*
4. *No eres un genio, pero lo pareces.*
5. *No salí porque llovía mucho.*
6. *Tenía la imprensión de que la naturaleza no le iba a defraudar.*
7. *Vete y no mires atrás.*
8. *Si necesitas ayuda, allí estaré yo.*
9. *Los que sepan la solución, que se callen.*

5.3. CLASIFICACIÓN DE LA ORACIÓN COMPUESTA

Las interrelaciones que pueden presentar las oraciones que forman los períodos oracionales complejos no siempre responden a criterios gramaticales fijos; las formas oracionales y los matices de intencionalidad comunicativa no siempre coinciden en la expresión lingüística. Así, por ejemplo, los períodos que siguen, aunque están formados por oraciones distintas, son significativamente coincidentes:

No vengas, yo no iré/no vengas porque yo no iré.
Llovió tanto que se caló / se caló porque llovió tanto.
Quería verte y no pude encontrarte/quería verte pero no pude
   encontrarte.

Por tanto, no es fácil anotar una clasificación de la oración compuesta
que sea definitiva. Además, los criterios de clasificación pueden responder a valores lingüísticos diferentes: semánticos, formales..., etc., aunque
nosotros creemos que en el análisis gramatical han de ser los criterios
de la forma de expresión oracional los que predominen: nexos o conjunciones, subordinación temporal de las formas verbales...

Con todo, a lo largo de nuestro estudio irán apareciendo ejemplos
de oraciones de difícil determinación, o con varias posibilidades de interpretación, que analizaremos en su momento.

Anticipamos en esquema el cuadro de la clasificación de la oración
compuesta:

— Oración:

  — Yuxtapuestas:

  — Coordinadas:
    — Copulativas
    — Adversativas
    — Disyuntivas
    — Distributivas

— Proposición:

  — Inordinadas:
    — Sustantivas
    — Adjetivas o de relativo

  — Subordinadas:
    — Locales/de lugar
    — Temporales/de tiempo
    — Modales/de modo
    — Comparativas.
    — Consecutivas
    — Causales
    — Condicionales
    — Concesivas.
    — Finales

EJERCICIOS:

a) Redactar las oraciones siguientes de modo que el nexo que las una sea *y*:

1. *Si me dices con quién has venido, te diré quién eres.*
2. *Acércate para que te vea mejor.*
3. *Aunque pregunté, nadie contestó.*
4. *Se lo pedí, pero no me lo dio.*
5. *Si te mueves, no saldrás en la foto.*
6. *Ya que ha llamado, le perdonaré.*
7. *Ha pagado la deuda, por lo que le voy a perdonar.*
8. *Aunque fuma, tiene una buena voz.*

b) Unir en una sola oración compuesta los enunciados oracionales que aparecen separados en oraciones simples, haciendo uso de las conjunciones oportunas:

1. *Hacía mucho calor. Nos bañamos en la playa ese día.*
2. *La radio, la tengo estropeada. No me entero de las noticias estos días.*
3. *Llegó agotado. Estaba contento.*
4. *En esta fábrica cobrarás un sueldo más elevado. Acepta este trabajo.*
5. *Toses demasiado. Deberías tomar un medicamento.*
6. *Unos bebían. Otros cantaban. Nosotros lo pasábamos bien.*
7. *Hoy ha llovido. Hay barro.*
8. *Llamó por teléfono. No me dijo nada de eso.*

5.4. ORACIONES YUXTAPUESTAS

Tradicionalmente se han distinguido siempre tres grandes grupos de oraciones: yuxtapuestas, coordinadas y subordinadas, según las tres formas posibles de relación entre las estructuras del período oracional.

— *Las oraciones yuxtapuestas* son las que se sitúan en el mismo nivel de relación (parataxis) y sin nexo o partícula de unión: A, B:

Llovía; nadie caminaba por las calles a esas horas.

— *Las oraciones coordinadas* se sitúan asimismo en el mismo nivel de relación (relación paratáctica) aunque con diferentes formas de conexión: copulativas, adversatias...: A + B; A – B...:

Mis amigos han ganado el premio y se han ido.
Tus amigos han venido, pero no han ganado el premio.

— *Las oraciones subordindas* (para nosotros, *proposiciones subordinadas*) indican una relación de dependencia funcional y significativa (hipotaxis): A < B; A > B...:

Si vienes a mi fiesta, te daré un fuerte abrazo.
Llovía tanto que no pudo acudir a mi fiesta.

Siguiendo este criterio, *las oraciones yuxtapuestas* son las que forman un período oracional y se construyen formalmente sin nexo. En la escritura suelen ir separadas por comas o punto y coma:

Llegué, vi, vencí.

Semántica y funcionalmente, son oraciones independientes (presentan relación paratáctica) aunque adquieran una significación conjunta al formar el período oracional que constituye la unidad significativa:

Vaya al teatro esta noche; allí nos veremos.

Algunos gramáticos incluyen también entre las yuxtapuestas una serie de oraciones, generalmente de significación enumerativa-narrativa, aunque vayan separadas en la escritura por un punto:

Hacía frío. Nadie paseaba por la calle en ese momento. Los
perros ladraban. De un taxi bajó un señor con gabardina.

Sin embargo, nosotros creemos que este tipo de oraciones no son en principio propiamente yuxtapuestas, sino oraciones simples que forman períodos oracionales diferentes; a no ser que, como los signos de puntuación dependen en parte del estilo personal del hablante o narrador, estas mismas oraciones puedan aparecer en la escritura separadas por coma o punto y coma, formando parte de un solo período oracional:

> *Hacía frío; nadie paseaba por la calle en ese momento; los*
> *perros ladraban...*

Por otra parte, existen una serie de oraciones que son formalmente yuxtapuestas pero que presentan una relación lógico-semántica de coordinación o de subordinación.

Estos usos son muy frecuentes en la lengua coloquial, donde se prefiere la construcción oracional asindética o sin nexo (formalmente yuxtapuestas) a las construcciones coordinadas o subordinadas, que presentan mayor dificultad, ya que exigen un mayor grado de trabazón lingüística.

A continuación anotamos algunos de los muchos ejemplos posibles de oraciones yuxtapuestas formales, y su posible equivalencia significativa de relación coordinada o subordinanda:

> *No vengas, no iré/no vengas porque no iré.*
> *Vino ayer Juan, volverá mañana/vino ayer Juan y volverá*
> *mañana.*
> *Quería verte; no pude salir de casa/quería verte pero no pude*
> *salir de casa.*
> *No llueve; nada cogeremos en nuestros campos/no llueve, por*
> *tanto nada cogeremos.*
> *Le suspendieron; no sabía nada/le suspendieron porque no sabía*
> *nada.*
> *Él me ha ayudado otras veces, yo responderé/él me ha ayudado,*
> *por lo tanto yo...*

También podemos incluir entre las yuxtapuestas formales una serie de proposiciones sustantivas que, por brevedad o concisión, se utilizan en la lengua coloquial sin partícula de unión:

> *Necesito me envíes urgentemte el pedido/necesito que me envíes...*
> *Les ruego paguen rápidamente el importe/les ruego que paguen...*

La misma construcción asidéntica presentan, asimismo, los dos períodos oracionales de estilo directo:

> *Juan dijo: iré mañana.*
> *Te regalaré mi broche, dijo Juan.*

Pero, aunque son formalmente yuxtapuestas, en la conciencia de los hablantes este tipo de oraciones presenta una clara dependencia funcional (el período introducido funciona como un elemento sintáctico de la principal) y significativa.

Por ello, en un correcto análisis gramatical deberemos analizarlas como proposiciones sustantivas, aunque carezcan de nexo.

EJERCICIOS:

a) Redactar las siguientes oraciones yuxtapuestas con un nexo coordinante o subordinante, según convenga:

1. *Vamos a esa tienda, veremos el nuevo disco de Héroes del Silencio.*
2. *Me duele la cabeza, no me apetece salir.*
3. *Este aparato no suena bien, debe de estar estropeado.*
4. *Acércate aquí, verás algo curioso.*
5. *Todos deseaban descansar; la tarde había sido agotadora.*
6. *Lo suspendieron; no sabía nada.*
7. *Escríbeme, contestaré enseguida.*
8. *No trabaja; estudia.*
9. *Hazme caso, te irá bien.*

b) Indicar las relaciones significativas de coordinación o de subordinación que pueden presentar las oraciones yuxtapuestas que siguen:

1. *Apaga la televisión, voy a dormir.*
2. *He roto el futbolín; me van a regañar mis padres.*
3. *Llegó, se sentó, no abrió la boca.*
4. *Mi hijo es muy estudioso; aprobará.*

5.   *Intenté felicitarle; no estuvo en casa ese día.*
6.   *Esta vez ganaremos; he traído el amuleto.*

5.5. ORACIONES COORDINADAS

Las relaciones de coordinación y de subordinación, de las que hemos hecho referencia anteriormente, no siempre se presentan claramente diferenciadas en el uso de la lengua.

En muchos usos, la distinción entre la coordinación o parataxis y la subordinación o hipotaxis, se basa sólo en diferencias puramente formales. Es lo que ocurre, por ejemplo, entre las siguientes oraciones coordinadas copulativas y las proposiciones subordinadas consecutivas, causales y condicionales:

*Tú eres bueno y no me engañarás/tú eres tan bueno que no me
engañarás* (consecutiva).
Pegaba y era malo/pegaba porque era malo (causal).
Piensa mal y acertarás/si piensas mal (condicional), *acertarás.*

Pero con todo, el punto de vista formal es el más interesante para el gramático, y por ello, a pesar de las posibles coincidencias entre las relaciones paratácticas e hipotácticas, en la mayor parte de las gramáticas modernas se mantiene la distinción entre coordinación y subordinación.

Son *oraciones coordinadas* aquellas estructuras oracionales del período oracional que son formal y funcionalmente equivalentes, y que van unidas por conjunciones o nexos coordinantes:

Los niños vinieron y se fueron muy pronto.
Tus padres me llamaron, pero no vendrán a la reunión.
Mi equipo siempre gana por la mínima o pierde por goleada.
Unos se ríen, otros lloran.

Las oraciones coordinadas, según el valor significativo de las relaciones que presentan; suma, enfrentamiento (u oposición), contrariedad y alternancia, pueden agruparse en cuatro apartados: *copulativas, adversativas, disyuntivas* y *distributivas.*

Se suelen incluir también entre las oraciones coordinadas, las *oraciones explicativas,* que son las que se utilizan para aclarar el significado de la oración u oraciones anteriores. Se expresan con los nexos: *esto es, es decir...:*

> *Las ranas son animales anfibios, es decir, viven en la tierra y en el agua.*
> *Le hizo un quite, esto es, se llevó el toro.*

En el habla coloquial se utiliza con mucha frecuencia el nexo *o sea,* pero su uso reiterado resulta inelegante.

> *Das demasiadas vueltas al asunto, o sea, no lo quieres hacer.*

EJERCICIOS:

a) Indicar qué tipo de relación expresan las oraciones coordinadas que siguen:

1. *Unos suben, otros bajan, pero nadie está quieto.*
2. *Esta chica es mona, pero sosísima.*
3. *Le dan piso gratis, amén de otras ventajas.*
4. *Ese coche no funciona ni aunque lo empujemos todos.*
5. *O entras o sales, pero no te quedes en la puerta.*
6. *Allí temblábamos de frío, aquí nos morimos de calor.*
7. *Escúchame o vete a la calle.*

b) Usar las conjunciones oportunas en los espacios en blanco:

1. *Deseaba asistir .... no tuve ocasión.*
2. *Entienden los alumnos .... bastante mal.*
3. *Tu oferta no es mala, ... muy mala.*
4. *No obtuvo la victoria el Madrid, ... el Valladolid.*
5. *Te ayudaría .... no tengo tiempo suficiente.*
6. *No recibe visitas .... sale a la calle.*
7. *Se ha enfadado .... no mucho.*
8. *Dale. .... dale con tus mensajes.*
9. *No vino .... dijo el porqué.*
10. *Estuve allí .... hice cuanto me mandaron.*
11. *¿Quieres las tijeras .... prefieres los alicates?*

5.5.1. ORACIONES COPULATIVAS

Las *oraciones copulativas* expresan una relación de suma o adición, y van unidas por las conjunciones coordinantes copulativas *y* (*e,* ante *i*) en oraciones afirmativas; *ni,* en frases negativas:

> *Antonio estudia y trabaja.*
> *Juan vino e ingresó dinero.*
> *Luis no estudia ni trabaja.*

También la conjunción *que* puede adquirir valor copulativo en algunas frases con valor intensivo y reiterativo:

> *Dale que dale.*
> *Erre que erre.*
> *Zumba que zumba.*

Y es el nexo copulativo más usado; es, además, la conjunción más utilizada en la lengua coloquial. Asimismo, es la primera conjunción que aparece en el lenguaje infantil, y, por ello, es frecuente en la lengua de los niños (y a veces, también en el habla adulta en la lengua popular de las narraciones) el uso repetido y pleonástico de esta conjunción como forma de expresión sucesiva de enunciados:

> *Ese hombre pegaba y era malo y decía palabrotas y se enfadaba*
> *y me asustaba y era feo y...*

Por otra parte, es también frecuente el uso de la conjunción *y* como nexo de oraciones que, semánticamente, pueden presentar otros valores significativos distintos:

> *Lo veo y no lo creo* (adversativo).
> *Copia en los exámenes y suspenderás* (consecutivo).
> *Piensa mal y acertarás* (consecutivo).
> *No le ha invitado nadie y se ha presentado a la fiesta* (concesivo).

Ni se utiliza en oraciones negativas, y es frecuente que aparezca repetida al principio de cada una de las oraciones para reforzar su valor negativo, por lo que adquiere, entonces, valor distributivo:

No parecen tristes ni (parecen) quejarse de su suerte.
No quiere trabajar ni estudiar.
Ni quiere trabajar ni estudiar.
Ni piensa ni hace cosa contraria al bien público.

EJERCICIOS:

a) Transformar en negativas las siguientes oraciones copulativas afirmativas:

1. *Acepté el trabajo y lo hice en casa.*
2. *Canta y baila bien.*
3. *Habla poco y habla a destiempo.*
4. *Quiero y puedo hacerlo.*
5. *Piensa la situación y decides.*
6. *Se casaron y vivieron felices.*

b) Escribir diez ejemplos de oraciones coordinadas copulativas que vayan unidas por el nexo *e:*

5.5.2. ORACIONES ADVERSATIVAS

Las *oraciones adversativas* expresan la unión de los enunciados oracionales enfrentados total o parcialmente:

Estudia mucho, pero no aprueba.
No trabaja, sino que estudia.
Habla mucho, pero no sabe expresarse con propiedad.

La contrariedad expresada puede ser parcial o total. Por ello, distinguimos dos tipos de oraciones adversativas: restrictivas y exclusivas:

— Las *adversativas restrictivas:* Indican una contrariedad parcial de enunciados, que no son incompatibles (pueden darse los dos enunciados a la vez):

Juan no tenía dinero, pero supo arreglarse.
El púgil parecía cansado, mas logró el triunfo.

— *Las adversativas exclusivas:* Expresan enunciados incompatibles (un enunciado excluye al otro):

No escribe novelas, sino (que) pinta cuadros.
Ésa no es su opinión, sino la tuya.

Cada grupo de oraciones adversativas tiene sus conjunciones propias:

a) Nexos de las adversativas restrictivas:

— *PERO:* Es la conjunción con valor restrictivo más usada en la lengua actual:

El niño quiere hacerlo, pero no se atreve.

Cuando el primer término del período oracional es negativo, es frecuente el refuerzo del adverbio *sí* en el segundo:

Tú no sabes arreglarlo, pero sí estropearlo.

— *MAS:* Tiene valor restrictivo. En la lengua antigua era muy utilizada, pero ha ido decayendo su uso hasta desaparecer de la lengua coloquial. Hoy se siente como conjunción restrictiva atenuada, y se utiliza sólo en la lengua literaria, en la que alterna con *pero:*

Lo intenté, mas (pero) no lo consiguió.

— *EMPERO:* En la actualidad, pertenece exclusivamente al estilo literario afectado, y su uso se considera anticuado:

Lo intentamos, empero no lo conseguimos.

— *AUNQUE:* Originariamente sólo tenía valor concesivo, pero ha ido adquiriendo también el valor adversativo, y alterna en el uso lingüístico con *pero:*

Son muy ricos, aunque (pero) no lo parecen.

b) Nexos de las adversativas exclusivas:

— *SINO:* Es el nexo exclusivo más utilizado:

> *No corre, sino vuela.*

En las oraciones adversativas exclusivas es frecuente que los elementos de la segunda oración estén omitidos, sobre todo, si éstos se hallan ya en la primera:

> *No lo hice yo, **sino un hermano** (lo hizo).*
> *Éste no es mi hijo, **sino aquél** (mi hijo es aquél).*

También pueden aparecer los nexos *sino que*, y a veces, *que,* con valor exclusivo:

> *No corre, sino que vuela.*
> *No corre, que vuela.*

Existen, además de las conjunciones señaladas, una serie de frases conjuntivas y adverbios lexicalizados que han adquirido valor adversativo restrictivo o exclusivo: *sin embargo, no obstante, con todo, excepto, salvo, al menos, antes bien...,* etc.:

> *Le faltan condiciones para el cargo, con todo, ha sido elegido.*
> *Aquí están todos, excepto (salvo, menos...) Juan.*
> *No quedó descontento, antes bien sonreía satisfecho.*
> *No me ha felicitado, sin embargo, le invitaré a la fiesta.*

EJERCICIOS:

a) Expresar los enuciados oracionales que siguen sustituyendo el nexo *pero* por otro equivalente:

1. *Trabaja, pero no le rinde.*
2. *No es buen futbolista, pero lo parece.*
3. *No lo ha hecho bien, pero lo ha intentado.*
4. *Es un perezoso, pero trabaja.*
5. *He hecho los ejercicios, pero no el que tenía preguntas.*

6.   *Lo sé, pero no me importa.*
7.   *Ese planteamiento es incompleto, hijo, pero puede servirnos.*

b)   Separar las oraciones adversativas restrictivas de las exclusivas:

1.   *Voy a dejar este trabajo, pero he encontrado uno mejor retribuido.*
2.   *No habla de temas culturales, sino de fútbol.*
3.   *Invierte mucho dinero en bolsa, pero no se hace rico.*
4.   *Le ha gustado, mas no mucho.*
5.   *No es experto en finanzas, sino en automóviles.*
6.   *El piloto perdió el control del avión, pero salió ileso del accidente.*

c)   Distinguir el *aunque* coordinante adversativo (equivalente a *pero*) del *aunque* subordinante concesivo:

1.   *Nos marcharemos aunque llueva a cántaros.*
2.   *Aunque le ha costado muy caro, falla con frecuencia.*
3.   *Eran un montón, aunque no sabría decir cuántos.*
4.   *No viene, aunque vive cerca.*
5.   *Recibió la paga, aunque era exigua.*
6.   *Aunque me lo pidieras de rodillas, no te lo daría.*
7.   *Aunque sea americana, no se le nota en el acento.*
8.   *Vive en Soria, aunque ignoro su dirección y teléfono.*
9.   *Vino, aunque no lo vi.*
10.   *Aunque no lo parece, es un gran futbolista.*
11.   *Trabaja muy bien, aunque siempre llega tarde.*
12.   *Te lo suplicaré, aunque no me hagas caso.*

d)   Colocar en los espacios en blanco, según convenga, la conjunción adversativa *mas* y el adverbio de cantidad *más*:

1.   *Corre, ... no mucho.*
2.   *Trabajo .... que tú.*
3.   *Llovió .... de lo previsto, y se ha inundado el patio.*
4.   *Se casará .... no se sabe con certeza.*

5. *Cuenta .... chistes, ... procura que tengan gracia.*
6. *....... sabe el diablo por viejo que por diablo.*
7. *Invierte su tiempo en esta tarea,....... le rinde poco.*
8. *Estos artículos están .... rebajados, ...ello no significa que sean una ganga.*

5.5.3. ORACIONES DISYUNTIVAS

Las oraciones disyuntivas marcan una alternancia exclusiva de enunciados:

> *Escucha, o vete a la calle.*
> *O juegas con tu hermano, o te castigaré.*

Van unidas por la conjunción *o* (*u*, ante o) que puede aparecer colocada también delante de las dos oraciones coordinadas:

> *"O arráncame el corazón o ámame, porque te adoro"* (Zorrilla).

El uso de la conjunción *o* es tan frecuente que en muchos usos se ha debilitado y ha pasado a adquirir el valor de equivalencia o identidad:

> *Váyase usted al patio o váyase a la calle.*
> *Esto es la guerra o (esto es) la destrucción.*

Otras veces, incluso, puede adquirir valor copulativo:

> *Come o (y) bebe lo que quieras.*

EJERCICIOS:

a) Señalar si la conjunción *o* tiene en estas expresiones valor disyuntivo o valor de equivalencia (o explicativo):

1. *Conoce muy bien la literatura de los siglos XVI y XVII o Siglos de Oro.*
2. *La bolsa o la vida.*
3. *Tráeme la cuerda o soga que está ahí.*
4. *Entre o salga usted de una vez.*

5. *Llama por teléfono a tus abuelos o envíales una nota.*
6. *Es monóglota o monolingüe.*
7. *Dilo ahora o calla para siempre.*

b)   Indicar qué tipo de coordinación se da en las siguientes oraciones, atendiendo fundamentalmente a los nexos que presentan:

1. *No he conocido al ganador, pero todos simulaban serlo.*
2. *Yo pensaba así y actué consecuentemente.*
3. *Me esforzaba por hacerlo bien: no obstante, a menudo me
    equivocaba.*
4. *Unos arreglaban el coche, otros arrancaban las hierbas
    malas; o sea, todos trabajaban.*
5. *¿Quieres que vayamos al cine o prefieres quedarte en casa?*
6. *El diagnóstico no lo valoró cualquiera, sino el doctor más
    famoso.*
7. *O es pariente o tiene un parecido asombroso con él.*
8. *Ni queremos faena, ni queremos recompensa.*

5.5.4. ORACIONES DISTRIBUTIVAS

Las *oraciones distributivas* marcan la alternancia de los enunciados
que se expresan en el período oracional:

> *Unos nacen, otros mueren.*
> *Éste buscaba a su hijo, aquél a su madre.*

Suelen llevar alguna marca léxica que, repetida al principio de cada
oración, señala el valor distributivo: *ya... ya; ora... ora; sea... sea; bien...
bien; ni... ni* (con significado negativo)..., etc.

> *Ya estudia, ya trabaja.*
> *Ni estudia, ni trabaja.*
> *Ora trabaja en el taller, ora trabaja en casa.*

Es frecuente, además, que este tipo de oraciones aparezcan sin nexo,
en forma yuxtapuesta y que la coordinación entre ellas se establezca

empleando palabras correlativas, generalmente pronombres y adverbios, colocados al principio de cada oración:

> *Unos llegan, otros se quedan en el camino.*
> *Aquí se ríe, allí se llora.*
> *Éstos mandan, aquéllos obedecen.*

EJERCICIOS:

a) Transformar las oraciones distributivas que aparecen en otro tipo de oraciones coordinadas:

1. *Unos dicen que sí, otros dicen que no.*
2. *Unas veces me quiere, otras, me odia.*
3. *Ora llueve, ora luce el sol.*
4. *Éstos lo hacen bien, aquéllos lo hacen mal.*
5. *Lejos no vemos nada, cerca molesta la luz.*

b) Señalar qué elementos indican que existe coordinación distributiva en las siguientes oraciones:

1. *Antes era del Madrid, ahora soy del Numancia.*
2. *No los confundas; éste es músico, aquél es árbitro.*
3. *Ya sea por agradarme, ya por obligación, Antonio siempre está conmigo.*
4. *Mi padre me da órdenes continuamente: que te levantes; que estudies; que vengas.*
5. *Tan pronto se calla, tan pronto no para de hablar; no hay quien entienda a tu amigo.*
6. *Un día hace gimnasia, otro, pesas; es un deportista.*
7. *Allí ganaba, aquí perdía; era imprevisible.*

5.6. LA PROPOSICIÓN

La *proposición* es, como ya hemos señalado más arriba, la estructura del período oracional que tiene forma de oración, pero carece de sentido completo; es la oración formal que depende (hipotaxis) semántica y funcionalmente de la oración principal, ya que funciona como elemento sintáctico o como complemento semántico de ella, con la que presenta correlación de dependencia (subordinación temporal, modo subjuntivo (generalmente), nexos subordinantes..., etc.:

> *Antonio quiere **que viváis felices** .*
> (prop. sustantiva de c.d.)

> *El señor **que ha traído el Peugeot 605,** es mi padre.*
> prop. de relativo

> *Mi padre trabaja **para que nosotros vivamos felices.***
> prop. final

En nuestro estudio, y aunque esta subclasificación no sea imprescindible para un correcto análisis sintáctico, distinguiremos dos tipos de proposiciones: inordinadas y subordinadas.

a) *Proposiciones inordinadas:* Son las oraciones dependientes que funcionan como un elemento sintáctico, o se refieren a un solo elemento de la oración del período oracional. Se las llama inordinadas porque van "colocadas dentro" de la oración: son las proposiciones sustantivas y las proposiciones adjetivas o de relativo.

— *Proposiciones sustantivas:* Ocupan en el esquema oracional el papel del sustantivo, y desempeñan las funciones sintácticas típicas de éste:

> ***Que estudiéis*** (vuestro estudio) *es bueno.*
> prop. sus. sujeto

> *Quiero **que estudiéis*** (vuestro estudio).
> prop. sus. c.d.

— *Proposiciones adjetivas o de relativo:* Son formas analíticas que utiliza el hablante para expresar cualidades del sustantivo al que se refieren:

*Los niños **que estudian** (estudiosos) aprobarán.*
prop. de relativo

b) *Proposiciones subordinadas:* Son las oraciones dependientes que desempeñan la función de complemento de toda la oración del período oracional. Se las llama subordinadas porque "van colocadas debajo" de la oración, hacen referencia a toda la oración:

*Juan no viene hoy a clase **porque está enfermo.***
propo. sub. causal

***Si hacéis bien el examen,** os daré un premio.*
pro. sub. condicional

*Hizo tan bien el examen, **que sacó un diez.***
pro. sub. consec.

EJERCICIOS:

a) Indicar si las proposiciones que siguen son inordinadas o subordinadas:

1. *Ayer fuimos a Las Navas del Marqués a visitar a unos amigos.*
2. *Mi padre quiere que lea todos los días el periódico.*
3. *Los perros que vimos en la carretera parecían hambrientos.*
4. *Había tanta nieve en la montaña que nos tuvimos que volver.*
5. *Ese restaurante debe ser bueno, porque está lleno de gente.*
6. *Quiero que hoy vengas pronto.*
7. *Ese vestido que llevas te sienta bien.*
8. *Algunos querían llegar hasta aquí para hacernos fotografías.*
9. *Antes de que saliera el sol ya estábamos nosotros cogiendo agua de la fuente santa.*

b) Indicar si las preposiciones que van introducidas por el nexo *que* son inordinadas o subordinadas:

1. *El reloj que llevo me lo regaló mi mujer.*

2. *Quiero que vengáis conmigo todos.*
3. *No te enfades, que no lo volvemos a hacer.*
4. *No te rías, que no estoy para bromas.*
5. *Hizo tanto ruido, que despertó a todos.*
6. *Las naranjas que tienen color rojo están más dulces.*
7. *Los perros, que ladran, no me gustan.*
8. *Me pegó tal bofetada, que me rompió el tímpano.*
9. *El profesor no esperaba que hiciéramos todo bien.*
10. *Me gusta que hagáis todo bien.*
11. *Date la vuelta, que te veamos todos.*

5.7. PROPOSICIONES SUSTANTIVAS

Las *proposiciones sustantivas* desempeñan en la oración compuesta las mismas funciones que el sustantivo en la oración simple.

Son expresiones lingüísticas desarrolladas o analíticas que equivalen a sustantivos, aunque esta equivalencia no siempre se corresponda con sustantivos léxicos; así en: *Juan desea **que tú vengas; que se haya retrasado** es inquietante; dijo **que estaría aquí,*** podemos sustituir las proposiciones *que tú vengas* y *que se haya retrasado,* por *tu venida* y *su retraso*, respectivamente: *Juan desea tu venida; su retraso es inquietante;* pero la proposición *que estaría aquí,* no la podemos sustituir por ningún sustantivo léxico, aunque sí por la forma pronominal de significación genérica *eso: dijo eso.*

Las proposiciones sustantivas van introducidas por los nexos *que, el que, el hecho de que...,* etc.:

> *Que comprendáis la gramática es difícil.*
> *El que comprendáis la gramática es difícil.*
> *El hecho de que comprendáis la gramática es difícil.*

Pero pueden aparecer también sin nexo, cuando se construyen con verbos en infinitivo: *Comprender la gramática es difícil.*

Según la función sintáctica que desempeñen, las proposiciones sustantivas pueden ser:

a) *De sujeto:* Funcionan sintácticamente como sujeto de la oración principal del período, y van introducidas por la conjunción subordinante *que,* por la frase conjuntiva *el hecho de que,* o por una partícula interrogativa:

> *Que vengáis a la fiesta me agrada.*
> *El hecho de que me hayáis llamado, me gusta.*
> *A nadie le interesa quién ha venido.*

Aparecen sin nexo cuando llevan el verbo en forma no personal:

> *Ayudar al necesitado es una obra de caridad.*
> *Hacer ejercicios físicos es muy saludable.*

b) *De atributo:* No es frecuente en el uso lingüístico encontrar proposiciones sustantivas que funcionen como atributo, ya que es una función que usamos para expresar las cualidades del sustantivo sujeto de la oración, y no es precisamente la proposición sustantiva la forma más propia para expresarlas, a no ser que estas proposiciones indiquen definición o identificación:

> *La gran ilusión de los padres es que sus hijos triunfen.*
> *La felicidad es que no haya desamor.*
> *El deseo de mi hijo pequeño es que no haya que madrugar.*

En cambio, sí que es frecuente que funcionen como atributo las proposiciones adjetivas o de relativo sustantivadas:

> *Antonio es el que decide.*
> *Ellos son los que trabajan.*
> *Ese jugador es el que metió el gol del triunfo.*

Con todo, este tipo de oraciones son reversibles, y puden analizarse también como proposiciones sustantivas en función del sujeto:

> *Los niños son los que ríen/los que ríen son los niños.*
> *El deseo de todos es que vengas/que vengas es el deseo de todos.*

c) *De complemento directo:* Son las oraciones sustantivas que funcionan como complemento directo del verbo de la oración del período;

son las proposiciones sustantivas más utilizadas, tanto en la lengua hablada como en la lengua escrita. Se las llama también *proposiciones com-
pletivas.*

Van introducidas generalmente por la conjunción *que:*

> *Quiero **que vengas.***
> *Los padres desean **que sus hijos triunfen.***
> *Os pido a todos **que trabajéis con ilusión.***

Estas oraciones pueden adoptar también otras formas de expresión.
Por ejemplo, en las interrogativas indirectas, que son proposiciones en
función de complemento directo, no se usa la conjunción *que,* sino que
van introducidas por el nexo *si* (interrogativas directas totales), o por
los pronombres o adverbios interrogativos que funcionan como partícula
de unión (interrogativas indirectas parciales):

> *Dime **si ha venido tu padre.***
> *Pregúntale **si va a venir con nosotros.***
> *Averigua **cuánto vale.***
> *Dime **quién lo ha hecho.***

Sólo en el habla popular aparecen ejemplos de interrogativas indirectas introducidas también por el nexo *que:*

> *Pregúntale **que si va a venir***
> *Dile **que qué quiere.***

Pero en estos casos, el uso de *que* resulta redundante y, frecuentemente, inelegante e inadecuado.

Otro ejemplo claro de proposiciones sustantivas en función de complemento directo nos lo ofrecen las llamadas construcciones en estilo indirecto.

Se llama *estilo indirecto* cuando el que habla o escribe refiere por
sí mismo lo que otro ha dicho; la proposición del estilo indirecto va unida
a la oración del período oracional por el nexo *que:*

> *Raúl dijo **que vendría con nosotros.***
> *Eulalia pensaba **que el día doce de febrero era su cumpleaños.***
> *Pilar pensó **que ella no lo haría.***
> *El profesor dijo **que fuera yo a su despacho.***

También son significativa y funcionalmente proposiciones sustantivas en función de complemento directo, las oraciones expresadas en *estilo directo:* cuando el que habla o escribe reproduce textualmente las palabras con que se ha expresado el propio autor de ellas, aunque formalmente sean yuxtapuestas, ya que se construyen sin nexo, y van separadas por comas, por guión o por dos puntos:

Juan dijo: **iré con vosotros.**
Iré con vosotros, *dijo Juan.*
Iré con vosotros —*dijo Juan.*

Por otra parte, pueden aparecer proposiciones sustantivas en función de complemento directo sin nexo; son las que se construyen, generalmente, con verbos de voluntad y de temor, y que han perdido el nexo *que* por rapidez o concisión en la expresión:

Les ruego **me digan siempre la verdad**/*les ruego que...*
Temí **se perdiese la ocasión del encuentro**/*temí que se perdiese...*

Aparecen también sin nexo las proposiciones que se construyen con verbos en forma no personal:

Le mandó **caminar lentamente**/*le mandó que caminara....*
Le ordenó **limpiar todos los azulejos de la cocina**/*le ordenó que limpiara...*

d) *De complemento indirecto:* Como el complemento indirecto es la función que indica la persona o cosa personificada que recibe el provecho o daño de la acción verbal, en principio, no hay proposiciones sustantivas propias que funcionen como complemento indirecto, aunque algunos gramáticos consideran como tales las proposiciones que indican finalidad, y que nosostros incluimos entre las proposiciones subordinadas finales:

Te he llamado para que me lo expliques.
prop. final

Juan estudia para sacar buenas notas.
prop. final

En cambio, sí podemos analizar como proposiciones sustantivas en función de complemento indirecto una serie de proposiciones adjetivas o de relativo sustantivadas que indican persona o cosa personificada:

> *Esto será **para quien se lo merezca.***
> *Esta oportunidad será **para el que sepa aprovecharla.***
> *Se lo daré **al que haga todo bien.***
> *Dieron el premio **a quienes se lo merecieron.***

e) *De complemento circunstancial:* Son las proposiciones sustantivas que indican las circunstancias en que se desarrolla la acción del verbo principal. Van introducidas por cualquiera de las preposiciones que admite el complemento circunstancial, seguidas de la conjunción *que*:

> *Me conformo **con que vengas.***
> *Me alegro **de que vengas.***
> *Hacedlo **sin que os canséis.***
> *Confío **en que lo averigüéis pronto.***

f) *De complemento del nombre:* Son las proposiciones sustantivas que funcionan como complemento del nombre, o de un adjetivo referido al nombre.

*Creo que ésta es la ocasión **de que demostréis vuestro cariño.***
*Todos somos expertos **en hacer peticiones favorables.***

Cuando la proposición complementa al nombre, va introducida por la preposición *de* seguida del nexo *que*:

> *Los padres tienen deseos **de que los hijos triunfen.***
> *Aquellas huellas son señal **de que han pasado por allí.***

Cuando complementa a un adjetivo, pueden aparecer, además, otras preposiciones:

*Parecían contentos **de que (con que) hayáis venido.***
*Mi padre se sentirá satisfecho **con que le felicitéis.***
*Muchos estaban conformes **en que no tenía razón.***
*Los malos estudiantes siempre están dispuestos **a que les castiguen.***

g) No es frecuente que las proposiciones sustantivas desempeñen en el uso lingüístico la función de aposición, aunque en la lengua escrita pueden aparecer algunos usos:

> *Vuestra vida, **que viváis así**, me preocupa.*
> *Tu trabajo, **que seas agricultor**, me fascina.*

Tampoco una proposición sustantiva puede desempeñar la función de vocativo, función que se utiliza para expresar una llamada de atención al oyente.

EJERCICIOS:

a) Convertir en proposiciones sustantivas los siguientes complementos del nombre:

1. *Mis hijos tienen necesidad de cariño.*
2. *Mi vecino es experto en informática.*
3. *No hay señales de lluvia.*
4. *Siempre has sido la causa de mi sufrimiento.*
5. *No hay que tener envidia del éxito ajeno.*
6. *Tú eres testigo de nuestros actos.*
7. *A veces no somos conscientes de nuestros errores.*
8. *Mi hermano está harto de la vigilancia paterna.*
9. *Mis amigos tienen deseos de mi triunfo.*

b) Indicar la función sintáctica que desempeñan las proposiciones sutantivas que siguen:

1. *Le dolió que no fuéramos a su fiesta.*
2. *No he sido capaz de decirle eso.*
3. *Me agrada mucho que hagáis deporte.*
4. *Parecía empeñado en que le reconocieran su éxito.*
5. *No debes conformarte con lo que diga yo.*
6. *Estás que no das pie con bola.*
7. *Es agradable que os comportéis así.*
8. *A mí me gustaría que tú aprendieras alemán.*

9.   *Dile a tu novio que no vuelva a retrasarse.*
10.   *Asegúrate de que el perro tiene suficiente comida.*

c)   Indicar si las proposiciones de las interrogativas indirectas funcionan como sujeto o como complemento directo:

1.   *Me interesa saber quién ha venido.*
2.   *Pregúntale a mamá si vienen hoy los amigos de papá.*
3.   *Le preocupaba mucho quién vendría a la fiesta.*
4.   *Mira a ver quién ha venido.*
5.   *Dime quién ha venido.*
6.   *Me preguntarán qué quiero de regalo.*
7.   *No sé si eso es cierto.*
8.   *Todavía no se ha aclarado si tenían armas de fuego.*
9.   *Me preocupa cómo habla mi hijo.*
10.   *No se sabe si va a haber fiesta.*
11.   *Nadie sabe si va a haber fiesta.*

d)   Indicar la función sintáctica de las proposiciones sustantivas con verbo en infinitivo que aparecen:

1.   *Realizar un trabajo es consultar muchos libros.*
2.   *No fue consciente de haber cometido aquella falta.*
3.   *Es bueno confiar en el amigo.*
4.   *No es conveniente correr más de diez minutos sin un entrenamiento previo.*
5.   *Antonio es capaz de beberse cinco litros de agua seguidos.*
6.   *Fueron incapaces de expresarnos racionalmente el contenido de sus sueños.*
7.   *Me invadió la ansiedad de no encontrar a tiempo la salida del laberinto.*
8.   *No es difícil imaginar la reacción de un niño asustado.*
9.   *¿Está usted seguro de no haber oído nunca una canción de los Beatles?*
10.   *Mi mayor ilusión es viajar a la ciudad con mi familia.*
11.   *Plantear hipótesis con conclusiones falsas es propio de embaucadores.*

e) Expresar en estilo directo las siguientes oraciones:

1. *Mi madre pensó que durante el verano recobraría la salud.*
2. *Grandes carteles anuncian que está prohibida la venta ambulante.*
3. *El médico nos dijo que aquella herida tenía muy mal aspecto.*
4. *Mi primo nos ha prometido que él mismo lo hará.*
5. *Recuerdo cuando me decías que sólo podías quererme a mí.*

5.8. PROPOSICIONES ADJETIVAS O DE RELATIVO

Las *proposiciones adjetivas o de relativo* desempeñan en el enunciado oracional la función de adjetivo.

Se denominan proposiciones adjetivas porque equivalen a un adjetivo: *los niños que estudian = los niños estudiosos;* y de relativo, porque van introducidas por un pronombre relativo, que, además de pronombre, desempeña la función de nexo oracional:

El niño **que vimos,** *es mi hijo.*
Los pasteles **que compramos ayer,** *están en la nevera.*

Las proposiciones adjetivas según cómo modifiquen al sustantivo de la oración del período, al antecedente, pueden ser: explicativas y especificativas.

— *Proposiciones de relativo explicativas:* Van entre comas en la escritura, y se pronuncian con pausa de entonación. Significativamente son poco importantes, se pueden suprimir sin que varíe el significado del discurso oracional, al que sólo añaden un valor explicativo o de referencia. (Por ello, en muchos usos adquieren valor de proposiciones causales). Si el antecedente (el sustantivo al que se refieren) va en plural, lo modifican en su totalidad:

Los alumnos de C.O.U., **que viven lejos,** *llegan tarde a clase*
  (todos llegan tarde).
Los gatos, **que arañan,** *no me gustan* (no me gustan los gatos porque arañan).

— *Proposiciones de relativo especificativas:* Van sin coma en la escritura, y se pronuncian unidas al antecedente. No se pueden suprimir sin que varíe el significado del discurso, y, si el antecedente va en plural, no se refieren a su totalidad de seres y objetos, sino que delimitan o restringen la significación de los sustantivos:

> *Los alumnos de C.O.U. **que viven lejos**, llegan tarde a clase* (sólo los que viven lejos).

> *Los gatos **que arañan** no me gustan* (no me gustan los que arañan, los demás sí).

Además, y del mismo modo que un adjetivo puede adquirir la función de sustantivo *(el bueno, lo deseable, lo útil...)*, las oraciones adjetivas pueden sustantivarse y adquirir cualquiera de las funciones propias de las proposiciones sustantivas, que quedan anotadas más arriba:

> *Les doy el regalo **a los que se porten bien.***
> prop. de relat. sustantivada de c.i.

> *Aprueban **los que se han estudiado toda la lección.***
> pro. de relat. sustantivada, sujeto.

EJERCICIOS:

a) Indicar si las proposiciones que aparecen son adjetivas o sustantivas, y señalar la función sintáctica que desempeñan estas últimas:

1. *Deme, por favor, el libro que le dejé ayer.*
2. *Me dijo, entre lágrimas, palabras que nunca olvidaré.*
3. *Fue mi madre quien resolvió la situación.*
4. *Repasaron las crónicas y hallaron que el suceso había ocurrido haca tres mil años.*
5. *La única respuesta fue el aviso de que teníamos que salir de nuestras casas.*
6. *A los tres días llegaron los hombres a los que debería acompañar en un largo viaje.*

7. *Era falso que aquellas huellas nos condujesen a un oso.*
8. *¿Os han convencido ya de que la realidad supera muchas veces a la ficción?*
9. *¿Sabéis quién inventó la máquina de vapor?*
10. *Crecí con la idea de que, en algún lugar, existen personas iguales a nosotros.*
11. *Antes yo me interesaba por todos los juegos, a los que dedicaba mucho tiempo.*

b) En las siguientes oraciones hay proposiciones sustantivas, adjetivas y sustantivadas. Distinguir y señalar la función que realizan las sustantivas y las sustantivadas, y si son explicativas o especificativas las adjetivas:

1. *Juan fue quien te llamó por teléfono.*
2. *Entregué el paquete en la casa que me dijiste.*
3. *Di el dinero a quienes me lo pidieron.*
4. *Sólo aprobaron los que hicieron bien el ejercicio.*
5. *Los jugadores fueron aclamados por quienes encontraban a su paso.*
6. *Éste es el conserje, cuya hija estudia en nuestra clase.*
7. *Los obreros, que trabajan en esta obra, están en huelga.*
8. *He tirado a la basura el casete que estaba estropeado.*
9. *Me avergüenzo de quienes no respetan a los ancianos.*
10. *Estaba deseoso de que le tocara la lotería.*
11. *Aquí tengo las bicicletas de las que te hablé.*
12. *Quien mucho grita pierde la razón.*

5.9. PROPOSICIONES SUBORDINADAS

Las *proposiciones subordinadas*, llamadas también *adverbiales* o *circunstanciales*, ya que en muchos usos equivalen a un adverbio o a un complemento circunstancial: *Deténte **donde veas la señal** (deténte allí/en ese lugar)*, funcionan como complemento de la oración del período oracional, y van unidas a ésta por una conjunción subordinante (a veces, por auténticos adverbios o preposiciones que funcionan como nexo):

> *Se alegró **porque llegó su hermano.***
> *Se alegró **como si fuera verdad.***
> *Se alegró **cuando se lo dijimos.***
> *Se alegró **tanto que se puso a llorar.***
> *Se alegró **aunque la vio triste.***

Las proposiciones subordinadas son semántica y gramaticalmente dependientes, y según la relación significativa de subordinación que las une a la principal, pueden indicar:

a) Relación circunstancial:

— *De espacio* (locales): *Llegaré **hasta donde han llegado ellos.***
— *De tiempo* (temporales): *Vendré a casa **cuando pueda.***
— *De modo* (modales): *Lo haré **como me dijeron mis padres.***

b) Relación cuantitativa:

— *De comparación* (comparativa): *Mi hermano trabaja **más que le mandan.***
— *De consecuencia* (consecutiva): *Mis hijos son tan guapos **que llaman la atención.***

c) Relación causativa:

— *De causa* (causales): ***Porque te quiero,** te perdono.*
— *De condición* (condicionales): ***Si lo intentas,** lo conseguirás.*
— *De objeción* (concesivas): ***Aunque llueva,** iré a tu casa.*
— *De finalidad* (finales): *Enviaré a mis hijos **para que me representen.***

EJERCICIOS:

a)   Buscar un adverbio que sustituya a cada una de las proposiciones subordinadas que siguen. (Ejemplo: *Lo prepararé como tú ordenaste = lo prepararé así.*)

1. *Apenas lo vio echó a correr.*
2. *No trabaja donde tú supones.*
3. *Cuando haya amanecido, levántate.*
4. *Haré el ejercicio como dijo el profesor.*
5. *Iremos a donde nos hagan caso.*
6. *Debes acabar tus deberes antes de diez minutos.*
7. *Camina por donde está seco.*

b) Indicar qué tipo de circunstancia expresan las proposiciones subordinadas que siguen:

1. *Estas cerezas están buenas a pesar de que no han madurado aún.*
2. *Como no te cuides más, te pondrás peor.*
3. *Colorea las figuras como están en el modelo.*
4. *Lo vieron el miércoles aquí, luego aún no se había ido.*
5. *Porque no le vean, se encierra en su habitación.*
6. *Es tan glotón que parece querer comerse las uñas.*
7. *Como no lo hagas bien, suspenderás el examen.*
8. *El niño es tan guapo como la niña.*
9. *Porque tiene mucho dinero, lleva vestidos caros.*

5.9.1. PROPOSICIONES SUBORDINADAS DE LUGAR

Las *proposiciones subordinadas de lugar* marcan la situación espacial de la oración principal:

> *Fuimos **a donde nos mandaron**.*
> *Es a Soria **adonde iremos mañana**.*

Van introducidas por el nexo *donde* (adverbio relativo), que puede aparecer con o sin preposición, según los diversos matices significativos de ubicación, procedencia, destino, dirección, tránsito..., etc., que pueda expresar la proposición subordinada que introduce: *en donde, de donde, desde donde, adonde, a donde, por donde, hasta donde...*:

> *Voy **donde me llamen**.*

*Voy **a donde me digas**.*
*Fue **a Valladolid adonde fuimos**.*
*Llegamos **hasta donde nos dijo Juan**.*
*Vinimos **por donde nos dijeron**.*
*Se acercaron **desde donde los encontraste tú**.*

EJERCICIOS:

a)   Distinguir en las frases siguientes las proposiciones subordinadas de lugar y las proposiciones sustantivas:

1. *La policía no ha averiguado aún dónde está el botín.*
2. *La gente sólo llega hasta donde está permitido.*
3. *Decidle a papá por dónde habéis ido.*
4. *Salta la liebre donde menos se espera.*
5. *Ésa es la montaña desde donde se divisa mi pueblo.*
6. *Los conductores suicidas circulan por donde está prohibido.*
7. *Mañana te contaré adónde fuimos ayer.*
8. *Averigüé fácilmente por dónde os marchasteis.*
9. *¿Es por ahí por donde vive tu novio?*

b)   Indicar el matiz semántico (de situación, dirección, origen, transcurso) que presentan las proposiciones adverbiales de lugar que siguen:

1. *He venido andando desde donde tú me dejaste.*
2. *Mi hermano pequeño camina siempre por donde está lleno de agua.*
3. *Decidí parar donde viera una gasolinera.*
4. *Tu madre ha llegado ya de donde tú ya sabes.*
5. *Mi abuelo paseaba por donde no había gente.*
6. *Dejé el periódico donde tú me dijiste.*
7. *Te acompañaré hasta donde se divisa el mar.*

5.9.2. PROPOSICIONES SUBORDINADAS DE TIEMPO

Las *proposiciones subordinadas de tiempo* indican la circunstancia temporal de la oración principal:

> *Vendré **cuando hayas terminado de pintar la habitación.***
> *Se desmayó **cuando se lo dijeron.***

Van introducidas fundamentalmente por el nexo *cuando* (adverbio relativo), pero pueden aparecer otros nexos o frases conjuntivas, según los distintos matices significativos de anterioridad, simultaneidad, inmediatez, posterioridad, reiteración..., etc., que puedan presentar las proposiciones temporales: *antes de que, ante que, primero que, mientras, mientras que, mientras tanto, entre tanto que, en cuanto, apenas, luego que, así que, después que, desde que, cada vez que, siempre que...*:

> *Llegamos **cuando tú salías.***
> ***Antes que te cases,** mira lo que haces.*
> ***Mientras seas rico,** tendrás muchos amigos.*
> ***En cuanto los vea,** les daré un abrazo.*
> ***Después que comamos,** hablaremos.*
> ***Siempre que salía a la calle,** cogía frío.*

También el valor circunstancial de tiempo puede expresarse en:

— Infinitivo precedido de *al:*

> ***Al salir de clase,** fumamos un cigarrillo.*
> ***Al conducir,** hay que estar atento.*

— En gerundio:

> ***Corrigiendo los exámenes,** me divierto mucho.*
> ***Haciendo los deberes,** escucho música.*

— En participio:

> ***Arreglado el coche,** nos fuimos de excursión.*
> ***Preparada la fiesta,** llegaron los invitados.*

EJERCICIOS:

a) Indicar el valor temporal de anterioridad, simultaneidad o posterioridad que expresan las subordinadas temporales siguientes:

1. *Cuando lleguéis a la ciudad me avisáis.*
2. *Me enteré de la enfermedad después de que ocurrió el fatal desenlace.*
3. *Antes de que entréis, quitaos los zapatos.*
4. *Mientras come, lee el periódico.*
5. *En cuanto lo hagas, me llamas por teléfono.*
6. *En tanto que no suceda, estaremos tranquilos.*
7. *Cuando cumplas mi edad, te sentirás más hombre.*
8. *Cuando sucedió, yo no estaba.*
9. *Mientras te lavas, yo me afeitaré.*

b) Expresar con verbos en forma personal las subordinadas temporales que siguen:

1. *Al llegar a su pueblo se puso a llorar.*
2. *Muerto el perro, se acabó la rabia.*
3. *Contando chistes, mi mujer es muy graciosa.*
4. *Vaciado el pantano, procedieron a la indentificación del cadáver.*
5. *Subiendo por la escalera me caí.*
6. *Antes de llevar a cabo tu plan, debes consultarlo conmigo.*
7. *Arreglado el asunto, hicieron las paces.*
8. *Haciendo crucigramas me divierto.*
9. *Al salir del ascensor vimos al ladrón de la mancha en la frente.*

5.9.3. PROPOSICIONES SUBORDINADAS DE MODO

Las *proposiciones subordinadas modales* marcan la manera del desarrollo del enunciado de la oración principal:

> *El hijo quiere hacer todo **como su padre.***
> *Antonio hace ya todo **como si fuera mayor.***

El nexo más frecuente de estas oraciones es *como* (adverbio relativo), pero también pueden aparecer como nexos una serie de frases conjuntivas: *del mismo modo que, igual que, tal cual, según, según que, como si...:*

> *Hacedlo **como se os ordena.***
> *Hacedlo **igual que lo hizo Juan.***
> ***Según nuestro maestro lo dice,** así lo digo yo.*

Las oraciones modales indican generalmente igualdad o semajanza, por lo que están estrechamente relacionadas con las proposiciones comparativas de igualdad:

> *El examen fue **como lo esperaban los alumnos**/tal como lo esperaban los alumnos.*

Otras veces, las proposiciones modales adquieren valores expresivos temporales:

> ***Según avanzaban unos,** retrocedían otros/cuando avanzaban unos, retrocedían otros.*

EJERCICIOS:

a) Indicar si los nexos *como/cómo, cuando/cuándo*, introducen proposiciones sustantivas interrogativas o proposiciones subordinadas temporales o modales:

1. *No recuerdo cuándo llegamos a esta ciudad.*
2. *Lo hice como me dijeron.*
3. *Cuando vengas se lo preguntas.*
4. *No todos saben cómo hay que hacerlo.*
5. *Lo haré como lo hacía mi madre.*
6. *Cuando vengas a comer me llamas por teléfono.*
7. *Todos se preguntaban cómo pudo ocurrir el accidente.*

8.   *¿Sabes cuándo llegan del viaje los alumnos de tercero?*
9.   *¿Estabas tú cuando me lo dijeron?*

b)   Transformar los sintagmas que aparecen entre paréntesis, en proposiciones subordinadas de modo:

1.   *Todo lo hace (así).*
2.   *Lo prepararé (según las instrucciones).*
3.   *Mi hermano montó el escenario (según las normas del escrito).*
4.   *Lo hace (a la vieja usanza).*
5.   *(En mi modesta opinión), ya no lograréis el triunfo.*
6.   *Los hijos suelen hacer las cosas (al estilo de sus padres).*

5.9.4. PROPOSICIONES SUBORDINADAS COMPARATIVAS

Las *proposiciones subordinadas comparativas* funcionan como término de comparación del enunciado del período oracional:

> *Tendrás tantos libros **como desees.***
> *Mi hija hace más proyectos **que peces tiene la mar.***

El período oracional comparativo presenta varias peculiaridades lingüísticas: por una parte, las proposiciones comparativas adquieren en muchos enunciados una independencia significativa que les da aspecto de coordinadas; por otra, coinciden semánticamente en muchos usos con las subordinadas modales (ya visto), y con las proposiciones consecutivas, en cuanto que expresan una correlación cuantitativa.

Además, los elementos de la comparativa suelen aparecer elípticos con frecuencia:

> *María es más trabajadora **que yo** (que yo soy trabajador).*
> *Tu madre es más joven **que la mía** (que la mía es joven).*

En estos casos, podemos considerar el enunciado oracional formado, indistintamente, por una sola oración simple con elementos comparados, o por dos enunciados oracionales comparados:

Los niños estudian más que las niñas (o. simple con 2º término
  de comparación)
*Los niños estudian **más que las niñas** (estudian)* (oración compuesta).

Según la relación que presenten entre sí los enunciados comparados,
las comparativas pueden ser: *de igualdad, de inferioridad* y *de superioridad.* Los esquemas más frecuentes que se presentan para cada uno de
estos grupos son:

a) *De igualdad:*

— Tal cual/tal como: *El examen fue tal **cual** (tal como) lo espe-
  raban ellos.*
— Tanto...cuanto: *Llamó tanto **cuanto quiso.***
— Tanto/tan... como: *Hizo tanto ruido **como quiso.***
— Todo...cuanto: *Se rió en el espectáculo todo **cuanto quiso.***

b) *De superioridad:*

— Más...que/de: *Tiene más dinero **que tú;** esto vale más **de lo que
  piensas.***
— Adjvo. comp. mejor/mayor... que: *Mi trabajo es mejor **que el
  que tú haces.***

c) *De inferioridad:*

— Menos... que/de: *Juan tiene menos años **que yo;** el susto fue
  menos **de lo que parecía.***
— Adjvo. comp. inferior...que: *El esfuerzo es inferior **que el
  deseo de triunfo.***

EJERCICIOS:

a) Expresar de forma completa las proposiciones comparativas que
aparecen sin alguno de sus elementos. (Ejemplo: *Mis hijos son más hábi-
les que yo = que yo soy hábil*):

1. *Nadie trabaja tanto como mi hermano*............................
2. *Vive tan despreocupado como todos sus familiares*...............
3. *No hay mejor equipo que el Real Madrid*...........................
4. *Tú haces las cosas mejor que yo*..................................
5. *Las personas mayores son casi siempre menos espontáneas que los jóvenes*...
6. *Tiene más virtudes que defectos*..................................
7. *Contestó tantas preguntas como le formularon*...................
8. *Mis hijos tienen más posiblidades de triunfo que yo*...

b) Indicar si las proposiciones comparativas son de igualdad, inferioridad o superioridad:

1. *Come tanta carne como pescado.*
2. *Este coche es mejor que el mío.*
3. *El vino de Valladolid es de mejor calidad que el de Oporto.*
4. *Llevaba una camisa más oscura que la mía.*
5. *Tus hijos no son mejores que los míos.*
6. *Es más bajo mi sueldo que mi deseo de trabajo.*
7. *Conseguirás tantos amigos como tú quieras.*
8. *Tiene tanta formación cívica como intelectual.*

5.9.5. PROPOSICIONES SUBORDINADAS CONSECUTIVAS

Las *proposiciones subordinadas consecutivas* marcan la consecuencia de un enunciado previo, el de la oración principal:

> *Trabaja tanto,* **que siempre está cansado.**
> *Se divierte tanto,* **que ha perdido la noción del tiempo.**

El enunciado principal suele llevar alguna marca léxica: *tanto, tal, tan, de tal modo...*, etc., que instensifica la circunstancia, cualidad o acción que indica, y cuya consecuencia queda expresada en la proposición subordinada:

> *Su furor es tal (tanto, tan grande, de tal modo...),* **que asusta.**

Guardan, así, relación con las comparativas en cuanto que tienen ese elemento antecedente de referencia, aunque, a veces, el elemento intensificador, sobre todo en la lengua coloquial, no aparece expresado, y entonces, la intensificación viene marcada por el matiz intensivo de la significación del enunciado total de la oración: '

*Había una muchedumbre, **que parecía aquello un hormiguero.***
*Trajeron la sopa, **que quemaba.***
*Tu madre está, **que rabia.***

En otros casos, se refuerza enfáticamente el enunciado principal con la supresión de toda la consecutiva, que queda sobrentendida en el contexto o situación del hecho comunicado:

*¡Está la sopa **que...!***

Otras veces, la consecutiva es reemplazada por una interjección, un apoyo coloquial o una exclamación:

*Está de unos humos **que... ¡Uf!***
*Están tan distraídos **que... ¡Vaya!***
*Esto parece tan difícil **que... ¡Válgame Dios!***

Las proposiciones consecutivas van introducidas, generalmente, por el nexo *que:*

*Tenía tanto miedo **que grité.***
*Hace tanto frío **que estoy helado.***

Pero pueden aparecer también otras partículas o frases conjuntivas: *luego, por tanto, por lo tanto...:*

*Pienso, **luego existo.***
*Tengo hambre, **por lo tanto, comeré.***
*Tengo dos hijos, **por tanto, soy padre.***

Por otra parte, las consecutivas coinciden semánticamente con las causales en cuanto que en el período oracional se indica la causa y el efecto del enunciado oracional expresado; las consecutivas vienen a ser las causales invertidas Así:

— Las consecutivas marcan la causa-efecto de lo enunciado:

Tanto fue el cántaro a la fuente (causa) **que se rompió** (efecto).
Llovió tanto (causa) **que se caló** (efecto).

— Las causales marcan el efecto-causa de lo comunicado:

Se rompió el cántaro (efecto) *por tanto ir a la fuente* (causa).
Se caló (efecto) *porque llovía tanto* (causa).

En el idioma se prefiere el período consecutivo (la relación causa-efecto) porque refleja mejor la experiencia de las sensaciones vividas: *comió tanto* **que reventó;** y por ello, cuando se utiliza el período causal, la proposición subordinada suele aparecer, frecuentemente, al principio del enunciado oracional, y se siente, incluso, como más importante significativamente:

> *Porque llovía tanto, se caló.*
> *Porque te quiero tanto, hija, te castigo.*

EJERCICIOS:

a) Construir dos proposiciones consecutivas con cada uno de los nexos e intensificador que siguen. (Por ejemplo: *Tal + nombre + que: Mis hijos tienen tal alegría que siempre me hacen feliz*):

> *Tal + nombre + que; tan + adjetivo + que; tanto + nombre + que; tanto + verbo + que; tan + adverbio + que:*

b) Transformar las siguientes oraciones de manera que la proposición subordinada adquiera valor consecutivo:

1. *Porque me cuido, me siento bien.*
2. *No aprobaré porque no he estudiado.*
3. *No me esperéis porque estoy en el médico.*
4. *No te enfades, porque todo ha sido una broma.*
5. *Rompí a llorar porque me dio alegría verte.*
6. *Como he estado tumbado al sol, me duele la cabeza.*

5.9.6. PROPOSICIONES SUBORDINADAS CAUSALES

Las *proposiciones causales* indican la causa directa, indirecta o el motivo de la acción que se expresa en la oración principal:

> *Se ha mojado **porque ha llovido**.*
> *Ha llovido, **porque el suelo está mojado**.*
> *Ha salido el arco iris **porque está lloviendo**.*

Las proposiciones causales forman un grupo complejo intermedio entre coordinación y subordinación. Muchas subordinadas causales presentan autonomía significativa y, en la mayor parte de los casos, enuncian un simple presupuesto con significación casi independiente respecto al enunciado de la principal. A veces, incluso, su valor significativo es más importante que el de la oración del período, y por ello suelen colocarse delante de la principal:

> ***Porque no tenía armas,** huyó.*
> ***Porque tengo ya más de cuarenta años,** no juego al fútbol contigo.*
> ***Porque no vino,** se salvó del accidente.*

La Real Academia, y algunas gramáticas tradicionales, hacen distinción entre las *causales coordinadas* y las *causales subordinadas:* según los nexos conjuntivos que lleven, según la significación de causa real o lógica que expresen, y según la utilización del verbo en indicativo o subjuntivo. Nosotros no incluimos aquí estas clasificaciones porque las consideramos ya superadas; y es casi general, entre los gramáticos actuales, incluir todo este tipo de oraciones en un solo grupo de proposiciones causales.

Los nexos que introducen estas oraciones son: *porque* (el más utilizado), *que, pues, pues que, puesto que, ya que, como, como que, a causa (de) que, en vista de que...:*

> ***Como quiera que no ha llegado,** nos iremos.*
> *Nos vamos, **porque no estamos contentos**.*
> ***Como recibí tarde tu llamada,** no he llegado a tiempo.*
> *No compréis azúcar, **que ya tenemos**.*
> ***En vista de que no nos haces caso,** nos vamos.*
> ***Porque son tus ojos, niña, verdes como el mar,** te quejas.*

EJERCICIOS:

a)   Transformar las proposiciones causales que siguen de forma que aparezcan expresadas con el nexo *porque:*

1. *Por hablar demasiado, no te han elegido.*
2. *De las cosas que oí, deduje su fracaso.*
3. *Como no se cuidaba, cayó enfermo.*
4. *No es posible beber esta agua de lo sucia que está.*
5. *Nos han tomado el pelo por pasarnos de listos.*
6. *Diciéndolo tú, lo creo.*
7. *Vete a la cama, que te estás quedando dormido.*
8. *Como te crees guapa, crees que el mundo se va a colocar a tus pies.*

b)   Distinguir las proposiciones causales y las consecutivas en los períodos oracionales que siguen:

1. *No estés tan seguro, que te puedes equivocar.*
2. *Lo hizo tan mal, que no lo reconocí.*
3. *Estoy tan seguro, que no tengo duda.*
4. *Le he perdonado tantas veces que ya no puedo castigarle.*
5. *Dame ya el dinero, que lo necesito.*
6. *Tenía tanta prisa que ni siquiera se detuvo.*
7. *Por haberte equivocado, te perdonaré.*
8. *Le he llamado muchas veces porque está sordo.*
9. *Hay que teminar el trabajo hoy, que mañana es fiesta.*
10. *Tenía tanto miedo que no dormía.*
11. *Dámelo, que tengo prisa.*
12. *Le quería tanto que le comió a besos.*
13. *No compres chocolate, que engorda.*
14. *Las noticias eran tan fabulosas que nos quedamos muy satisfechos.*

5.9.7. PROPOSICIONES SUBORDINADAS CONDICIONALES

Las *proposiciones condicionales* supeditan el enunciado de la principal al cumplimiento de la subordinada:

> *Si tuviera dinero, me compraría un coche.*
> *Si tú quisieras, yo te amaría.*

Es por ello por lo que en muchos enunciados oracionales se siente como más importante significativamente la proposición que la oración principal, y es frecuente que la proposición subordinada ocupe el primer lugar del período oracional:

> *Si me toca la lotería, seré rico.*

El período condicional consta de dos partes:

Condicionante	*Condicionada*
Subordinada	*Principal*
Prótasis	*Apódosis*
Si viniera Juan	*me iría con él al fútbol*
Si me lo pidieras	*vendría a verte todos los días*

De estas diversas denominaciones de las partes del período condicional, las más usadas son las de *condicionante/condicionada* y *subordinada/principal;* los términos cultos de origen griego *prótasis* (primera parte del período) y *apódosis* (segunda parte del período) se prestan a confusión, ya que el orden de las oraciones del enunciado puede aparecer invertido:

> *Si viene, iré con él/iré con él, si viene*
> prót.   apód.   apód.   prót.

La relación que se establece entre las oraciones del período *(condicionante y condicionada)* puede presentar matices significativos diversos.

Por ello, la Gramática de la Real Academia, que sigue la tradición gramatical latina, distingue tres tipos de relaciones:

— Relación necesaria entre ambas partes del período, expresada con verbos en modo indicativo en la condicionante:

> *Si haces esto, te felicitaré.*
> *Si vienes conmigo, no tendré miedo.*

— Relación contingente, presentada con visos de probabilidad, y que se expresa con verbos en futuro imperfecto de subjuntivo en la condicionante:

Si te pidiere dinero, *dáselo.*
Si así lo hicieres, *Dios te lo premie.*

— Relación imposible, con verbos en pretérito imperfecto o pretérito pluscuamperfecto de subjuntivo en la condicionante:

Si hubieras venido, *te habría visto.*
Si vinieras a la fiesta, *te vería.*

Pero esta clasificación, habitual en las gramáticas clásicas, es, sin embargo, inaplicable al español actual; primero, porque el futuro de subjuntivo ha quedado prácticamente en desuso, y, segundo, porque la diferencia entre relación posible, contingente e imposible, es sólo de grado y, en muchos usos, inapreciable:

Si vienes, *iré contigo/***si mañana vinieses,** *iría contigo.*

Además, el uso de los tiempos verbales en las condicionales ha variado enormemente a lo largo de la historia del español.

Como esquema más frecuente del uso de los tiempos verbales en los períodos condicionales en la lengua actual, anotamos el que sigue:

CONDICIONANTE	CONDICIONADA
a) *Indicativo: menos el prt. anterior, y los futuros y los condionales*	*Imperativo* *Cualquier tiempo del indicativo, menos prt. anterior* *Subjuntivo, menos los futuros*
b) *Subjuntivo* *Pret. imperf (tiempo presente/futuro)*	*Condicional simple* *Pret. imp. de subjuntivo en -ra-*
c) *Pr. pluscuamperf. (tiempo pasado)*	*Pret. pluscuampf. subj. en -ra-*
d) *Futuros de subjuntivo (raros)*	*Presente o futuro de indicativo* *Pretérito anterior* *Oración exhortativa*

Por otra parte, es frecuente en gran parte de la zona norte de España, fundamentalmente en el área vasco-cantábrica, y también en Hispanoamérica, el uso no normativo del condicional en sustitución del pretérito imperfecto de subjuntivo en la proposición condicionante:

Si vendría Juan, me iría con él (si viniera...).
Si tendría trabajo, viviríamos mejor (si tuviera...).
Si ganaría mañana el Real Madrid, sería el campeón (si ganara...).

Además, el uso de los tiempos verbales nos permite clasificar las proposiciones condicionales en dos grandes grupos:

— De condición expresada con el verbo en indicativo:

Si tengo yo el regalo, te lo daré.

— De condición expresada con el verbo en subjuntivo:

Si tuviera yo el regalo, te lo daría.

Algunos gramáticos llaman a las primeras de condición real, y a las segundas, de condición irreal:

Si me compras eso, te doy esto.
Si me compraras eso, te daría esto.

Pero la realidad/irrealidad de la condición debe de interpretarse de modo menos categórico, ya que toda condición es por naturaleza eventual e hipotética; y así, la diferencia que podemos observar entre *si juegas, ganaremos,* y **si mañana jugaras,** *ganaríamos,* no es una diferencia entre realidad/irrealidad, sino una apreciación de grado con matiz significativo más o menos dubitativo.

La conjunción condicional más utilizada es *si,* pero también pueden aparecer como nexos otras conjunciones y numerosas frases conjuntivas: *como, cuando, ya que, siempre que, puesto que, con sólo que, a condición de que...:*

Si me invitas, iré a tu fiesta.
Como me invites, iré a tu fiesta.
Con sólo que me invites, iré a tu fiesta.

> **Cuando tú lo dices,** *será verdad.*
> **A condición de que me dejaseis jugar,** *iría.*

También las oraciones condicionales pueden expresarse con verbos en forma no personal:

— En infinitivo:

> **De haberlo sabido,** *habría venido.*
> **De haber venido,** *estaría en casa.*

— En gerundio:

> **Trabajando todos,** *superaremos las dificultades.*
> **Haciéndolo tú,** *todos contentos.*

— En participio:

> **Sentadas algunas premisas,** *dialogaré contigo.*
> **Desechadas las preocupaciones,** *te encontrarías más animado.*

EJERCICIOS:

a) Expresar de seis formas distintas el siguiente enunciado condicional:

> *Si has estudiado, aprobarás.*

b) Indicar el valor de las proposiciones subordinadas siguientes, que van introducidas por el nexo *como:*

1. *Como lo haces tú, lo haré yo.*
2. *Como lo hagas tú, quedará bien.*
3. *Como no lo sabe, se calla.*
4. *Como llueva, no iremos al fútbol.*
5. *Como no me lo dijo, no lo sé.*
6. *Como dice mi padre, ahora no hay orden, sino desorden.*
7. *Es tal como me lo pintaron.*

8. *Como eres guapa, serás muy admirada.*
9. *Como me vuelvas a insultar, me enfado.*

5.9.8. PROPOSICIONES SUBORDINADAS CONCESIVAS

Las proposiciones concesivas expresan una objeción o dificultad para el cumplimiento de lo que se dice en el enunciado principal. Guardan alguna relación de semajanza de sentido con las condicionales, ya que la objeción que expresan no impide la realización del enunciado principal, sino que es como una condición que se considera desdeñable e inoperante:

Aunque haga mal tiempo, *iremos de excursión.*
Aunque nadie me ayude, *lo conseguiré.*

Aunque es la conjunción concesiva más utilizada, pero pueden aparecer también otros nexos: *a pesar de que, aun cuando, así, si bien...,* etc.:

Aunque la mona se vista de seda, *mona se queda.*
Aunque lo digas tú, *no te creerá.*
No dirá una palabra **así lo maten.**
Quiso probar su suerte, **si bien la ocasión no era oportuna.**
A pesar de que lo hizo bastante bien, *no consiguió la puntuación necesaria.*

Es muy frecuente también el uso de la forma *por...que,* con un adverbio o adjetivo intercalado:

Por más que lo repitas, *no te creerán.*
Por muy influyente que sea, *no lo conseguirá.*

Las proposiciones concesivas pueden expresarse asimismo con verbos en forma no personal:

— En infinitivo:

Con ser tan rico, *no sabe disfurtar de sus riquezas.*
A pesar de haber venido, *no nos ha visto.*

— En gerundio:

> **Aun siendo tan listo,** *ha dejado que lo engañen.*
> **Aun haciéndolo así,** *no te lo aceptaremos.*

— En participio:

Estaré de acuerdo, **si bien modificadas algunas condicones del**
contrato.
Aun olvidado el incidente, *las relaciones todavía son tensas.*

Significativamente, las concesivas presentan matices expresivos diferentes según se construyan en modo indicativo (objeción real) o en modo
subjuntivo (objeción posible):

> **Aunque me lo juráis,** *no lo creo.*
> **Aunque me lo juréis,** *no lo creo.*
> **Aunque no lo estéis haciendo,** *el negocio saldrá adelante.*
> **Aunque no lo hagáis,** *el negocio saldrá adelante.*

EJERCICIOS:

a) Escribir períodos oracionales en los que la proposición concesiva
vaya introducida por cada uno de los nexos que siguen:

> *aunque, a pesar de que, cuando, aun cuando, si bien, por más que y así.*

b) Transformar las proposiciones que aparecen con verbos en forma
no personal en expresiones con verbos en forma personal, e indicar de
qué tipo son:

1. *Con ser tan listo, se ha dejado engañar.*
2. *Saliendo por la otra puerta no te verá nadie.*
3. *Firmados los papeles, se fueron los parientes.*
4. *Subiendo los montes, me canso.*
5. *Después de comer, debes llamarle.*
6. *Gritando tanto, no te curarás.*

7. *Por no coger el coche, no ha llegado a tiempo.*
8. *Haciéndolo tú, todos contentos.*
9. *Al llegar a casa, me acordé de ti.*
10. *De haber acertado la última pregunta hubieras aprobado.*

5.9.9. PROPOSICIONES SUBORDINADAS FINALES

Las *proposiciones finales* indican la finalidad del enunciado de la oración del período oracional:

> *El niño se ha encerrado en su habitación **para que no le molesten**.*
> *Copiaba en el examen **para sacar mejor nota**.*

Algunos gramáticos incluyen erróneamente este grupo de proposiciones entre las subordinadas sustantivas en función de complemento indirecto. Esta confusión nace de la forma que presentan estas oraciones, y del nexo que las introduce: *a que, para que...:*

> *Hago esto **para que tú te sientas bien**.*
> *Vengo a esta ciudad **a que me mire el médico**.*

Pero ni la proposición *para que tú te sientas bien,* ni *a que me mire el médico,* funcionan como complemento indirecto de la oración del período, ya que no expresan el elemento que recibe el provecho o daño de la acción (valor del complemento indirecto), sino la finalidad, como circunstancia externa, en que revierte el enunciado principal.

Por otra parte, las proposiciones finales están semánticamente muy próximas a las causales, ya que la finalidad, con frecuencia, no es más que la causa eficiente que mueve al sujeto a actuar:

> *Lo hice **porque me vieran**/lo hice **para que me vieran**.*

Los nexos que introducen las proposiciones finales son: *a que, para que, a fin de que, porque...,* etc., y el verbo aparece en modo subjuntivo, ya que la finalidad marca necesariamente un matiz de deseo y de posibilidad:

> *Ha ido **a que le saquen una muela***
> ***Para que no le molestaran,** se fue.*
> *Ha venido **por que le vean**.*
> ***A fin de que os enteréis,** repetiré el ejercicio.*

Pueden aparecer también en infinitivo precedidas de los nexos: *a, por, para, afin de...:*

> *Ha salido **a buscar agua**.*
> *Lo hace **por conseguir la victoria**.*
> *Viene **para arreglar el tema**.*
> *El concursante acudió **a fin de conseguir el coche**.*

Este uso del infinitivo final es muy frecuente en la lengua, sobre todo, en frases cuyo sujeto es el mismo que el de la oración principal:

> *Vinieron **a pedir información**.*
> *Se pelearon **por conseguir el premio**.*

EJERCICIOS:

a) Indicar de qué tipo son las proposiciones subordinadas que siguen:

1. *No lograba encestar, aunque lo intentaba con frecuencia.*
2. *De no ser fácil la operación, puedes utilizar la calculadora.*
3. *Visita con frecuencia a sus primos, ya que es muy familiar.*
4. *Vengo a que me dejes los apuntes de esta semana.*
5. *Tuvo que conformarse con el jersey blanco, ya que no quedaban otros colores.*
6. *Al oír los gritos bajó precipitadamente la escalera.*
7. *El libro pasó por tantas manos, que se quedó sin tapas.*
8. *Aparca el coche como le enseñaron en la autoescuela.*
9. *No debéis caminar por donde está mojado.*
10. *Como hoy es domingo, iremos a comer a un restaurante.*

b) Construir períodos oracionales en los que la subordinación final se exprese con cada uno de los nexos que siguen:

Para que...; porque...; a que...; con el fin de que...; a...; con la intención de que...; afin de que...

5.10. EJERCICIOS DE RECAPITULACIÓN Y DE AUTOEVALUACIÓN

1. Indicar en qué período oracional aparece una oración adversativa restrictiva:

   a) *No llueve, sino que nieva.*
   b) *Aunque suspenda, me comprarán una bicicleta.*
   c) *Compra chocolate, que está muy barato.*
   d) *Estudia poco, aunque aprueba.*

2. Señalar en qué oración adquiere el nexo *porque* valor final:

   a) *Se fue porque quiso.*
   b) *Ha venido porque le llamé por teléfono.*
   c) *Porque no le vean los granos, se tapa la cara.*
   d) *Porque os quiero, os regaño.*

3. Indicar en qué período oracional aparece una oración explicativa:

   a) *Juan no viene porque está enfermo.*
   b) *He supendido las dos terceras partes del curso; es decir, he aprobado seis asignaturas.*
   c) *Tu hemano ha venido, pero se ha ido ya.*
   d) *Ha llovido tanto que hay charcos en el patio.*

4. Entre las oraciones coordinadas copulativas, señalar cuál puede tener asimismo valor consecutivo:

   a) *Yo ni estudio ni trabajo.*
   b) *Mi novio trabaja por la mañana y estudia por la noche.*

c) *Estudia más y aprobarás el curso.*
d) *Estuvo en la fiesta de mi cumpleaños y se enfadó.*

5. Señalar cuál de las proposiciones que siguen es consecutiva:

a) *Quiero que vengáis pronto.*
b) *Ha cogido un resfriado que no se tiene.*
c) *Los alumnos que faltan hoy a clase, están enfermos.*
d) *Todos saben qué he estudiado.*

6. ¿En qué período oracional adquiere el nexo *que* valor final?

a) *No vengo, que me voy.*
b) *No lo hagas, que te reñirán.*
c) *Date la vuelta, que te veamos todos.*
d) *Éste es el destino que nos espera.*

7. Indicar cuál de las proposiciones adjetivas sustantivadas funciona como sujeto:

a) *Con lo que ganamos tú y yo compraremos una televisión.*
b) *A quien te halague, vigílalo.*
c) *Quienes hagan lo que diga yo serán premiados.*
d) *Para el que llegue antes será el mejor premio.*

8. Indicar qué proposición tiene valor condicional:

a) *Lo hice como tú me dijiste.*
b) *Hazlo como puedas.*
c) *Como no lo hagas, te reñirá mamá.*
d) *Son tan inteligentes como vagos.*

9. Señalar cuál de las proposiciones que siguen es adjetiva o de relativo:

a) *Que estudies es bonito.*
b) *Todos quieren que vengáis.*

c) *Mi madre lleva puesto hoy el anillo que le regalé.*
d) *Le invitaré para que no se enfade.*

10. Indicar cuál de las proposiciones que aparecen en gerundio tiene valor condicional:

a) *Viajando en primera tendrás que pagar.*
b) *Aun haciendo esto otra vez, no lo conseguirás.*
c) *Viéndolo morir, se mareó.*
d) *Haciendo los exámenes me canso.*

11. ¿En qué período oracional puede tener la proposición valor final?

a) *Espérame, que ya voy.*
b) *No te rías, que no estoy para bromas.*
c) *Tápale, que no le vean.*
d) *Estaba tan cambiado que no le reconoció.*

12. Indicar qué período condicional aparece erróneamente expresado:

a) *Tendría dinero si hubiera ahorrado.*
b) *Ganaríamos más dinero si fuéramos futbolistas.*
c) *Si trabajarías en esta fábrica, viviríamos mejor.*
d) *No tendríamos trabajo si no fuera por esta fábrica.*

13. Señalar cuál de las proposiciones introducidas por el nexo *cuando* tiene valor concesivo:

a) *Cuando estaba a punto de llegar, se cayó.*
b) *Cuando estabas contenta parecías más guapa.*
c) *Cuando protesta, será por algo.*
d) *Cuando debías estar agradecido, protestas.*

14. Indicar en qué período oracional adquiere el nexo *que* valor consecutivo:

a) *No te rías, que es peor.*
b) *Tiene tanto frío que tirita.*

    c)   *Quítate el velo, que te veamos todos.*
    d)   *Toma asiento, que estás cansado.*

15.   ¿En qué período oracional la proposición introducida por el nexo *cuando* tiene valor condicional?

    a)   *Cuando se dice por ahí, será por algo.*
    b)   *Cuando lo digas, lo sabremos.*
    c)   *Cuando debías estar alegre te pones a llorar.*
    d)   *Todos llegaron cuando tú jugabas.*

16.   Indicar qué proposición sustantiva funciona como complemento directo:

    a)   *Que seas feliz es mi sueño.*
    b)   *Que estés contento es agradable.*
    c)   *Teme que la abandones.*
    d)   *Le dolió que no vinieras a la fiesta.*

17.   Señalar en qué período oracional el nexo *si* no tiene valor condicional:

    a)   *Si lo ves, me lo dices.*
    b)   *Si marca el Real Madrid, ganará el campeonato.*
    c)   *Si no fuera por eso, yo sería distinto.*
    d)   *Pregúntale a tu padre si ha venido tu primo.*

18.   Señalar el período oracional que pueda adquirir valor consecutivo:

    a)   *Toma esto y vete.*
    b)   *Juan se va y vuelve mañana.*
    c)   *Comió tanto y se puso malo.*
    d)   *Mi hijo estudia y juega al fútbol.*

19.   Indicar qué proposición sustantiva funciona como c. del nombre:

    a)   *Se alegra de que hayáis venido.*
    b)   *Eso es señal de que ya están acabando.*

c)   *No pensaba en que podíamos perder.*
d)   *Me conformo con que no habléis.*

20.   Señalar en qué período oracional el nexo *que* introduce una proposición adjetiva especificativa:

a)   *No te muevas, que no sales en la foto.*
b)   *Había una muchedumbre que parecía aquello un hormiguero.*
c)   *No digas nada, que es peor.*
d)   *El cuadro que se ha caído lo colgó mi hermano.*

CAPÍTULO 6

CUESTIONES PRÁCTICAS DE ESPECIAL DIFICULTAD

Este capítulo lo dedicamos al estudio de ciertas cuestiones particulares de algunas de las formas y usos de la lengua, y de sus formas de relación.

Todos estos aspectos que tratamos tienen en común la importancia o interés que adquieren en el estudio y aprendizaje de la lengua, por su especial significación lingüística y por la dificultad o complejidad que presentan en cualquier estudio sintáctico y gramatical.

Incluimos aquí también algunas anotaciones breves sobre los fenómenos de la corrección e incorrección y algunos de los usos incorrectos más frecuentes en el ejercicio de la lengua. Al final del capítulo aparece el estudio del análisis sintáctico de unos enunciados oracionales concretos, y otro buen número de ejercicios y ejemplos prácticos para analizar.

6.1. EL USO DE LAS FORMAS PRONOMINALES Y SU FUNCIÓN SINTÁCTICA

Los pronombres forman una categoría lingüística muy compleja ya que en ella se agrupan formas de muy distinto comportamiento formal y funcional: personales, demostrativos, posesivos, indefinidos, numerales, interrogativos y exclamativos:

Ellos me han enviado esto.
Sólo algunos se sabían la lección que mandó ayer el profesor.

Otros nos *habíamos aprendido solamente parte de* **ésta.**
Éstos *son mis libros, y aquellos cuadernos son* **tuyos.**

Son formas especiales de la lengua que sustituyen al nombre (*pro-*
nombre = en lugar del nombre) y desempeñan en la oración las mismas
funciones del sustantivo, aunque en algunos usos concretos puedan presentar formas especiales, como explicamos a continuación:

> **Éste me lo** *dio.*
> suj. c.i. c.d.

> **Tú** *vendrás* **conmigo.**
> suj.   c.c.

> **Todo** *será* **para ti.**
> suj.   c.i.

Los pronombres son, junto a los adverbios, *formas deícticas;* no tienen significado propio, sino que lo adquieren en cada momento según
las palabras o unidades léxicas a las que sustituyen:

> *Juan ha traído este regalo para mi madre.*
> **Él** *(Juan)* **lo** *(regalo) ha traído para* **ella** *(mi madre).*
> *Tu hermano dio un beso a tu novia.*
> **Él** *(tu hermano)* **se** *(le, novia)* **lo** *(beso) dio.*

Cuando sustituyen en el discurso a nombres que ya han sido expresados con anterioridad, se denominan *pronombres anafóricos;* si sustituyen o anuncian a nombres que aparecen con posterioridad, se denominan *pronombres catafóricos:*

> *A tu padre* **le** *vi ayer y* **le** *felicité* (anafóricos).
> **Le** *das luego este recado a tu padre* (catafórico).

El uso de las formas deícticas se da cada vez con mayor frecuencia
en el uso de la lengua.

Ello ofrece la gran ventaja de poder prescindir de los nombres en
la expresión lingüística y manifestarse con mayor concisión y rapidez,
favoreciendo en muchos usos el estilo y evitando repeticiones inne-
cesarias.

Pero por otra parte, con el uso de estas formas deícticas —vacías de significado: sólo son formas de referencia— se perjudica la capacidad de significación de la expresión lingüística del discurso, y se empobrece, asimismo, el estilo personal y la realización y dominio personal de la selección y registro del vocabulario de la lengua.

La presencia de pronombres es también frecuente en otras lenguas próximas, e incluso, en alguna de ellas, así en inglés y francés, por "escurecimiento" de las formas verbales propias, se hace obligatoria la presencia de un pronombre sujeto antepuesto. De ello, aunque todavía no sea muy común, se va contagiando nuestra propia lengua, y así es ya frecuente entre los gramáticos señalar que el presente del verbo *cantar,* por ejemplo, es yo *canto, tú cantas, él canta,* cuando realmente es: *canto, cantas, canta...*

Del estudio del pronombre como categoría gramatical y de las distintas formas y manifestaciones que presenta no nos ocupamos aquí y ahora. En la exposición que sigue sólo hacemos referencia a algunos aspectos y formas pronominales.

EJERCICIOS:

a)   Sustituir en los siguientes enunciados los nombres por pronombres, siempre que sea posible:

1.   *Vimos a tu padre en la calle.*
2.   *Ayer encontramos el libro de tu amigo.*
3.   *Regalaremos el estuche a cualquier persona.*
4.   *Todos los alumnos estáis aprobados, dijo el profesor.*
5.   *Mi padre se corta las uñas con una hoja de afeitar.*
6.   *Bailaré con tu amiga si mi novia quiere.*
7.   *Compró un jarrón, puso las flores en el jarrón y se fue con su mujer.*

b)   Indicar si son anafóricos o catafóricos los pronombres que siguen:

1.   *A Juan se la dieron después de grabar la medalla en la joyería.*

2. *Yo le enseñaré a ese mocoso los buenos modales.*
3. *A todos, a los alumnos y a las alumnas, les entregaron una flor.*
4. *Cómprale a tu madre esas sortijas.*
5. *No la conocía, me he enterado hoy de la noticia.*
6. *A ese señor no lo he visto nunca.*
7. *No la encontré en mi casa porque la bomba la tienes que tener en la tuya.*

6.1.1. LOS PRONOMBRES PERSONALES

Los pronombres personales son las formas que usamos para referirnos a las personas que intervienen en el coloquio:

> *Yo trabajo en Madrid.*
> *Tú vendrás conmigo.*
> *Ellos se tutean.*

Las personas que intervienen en el coloquio son:

— La primera persona, que es la que habla: *Yo nací en un pueblecito de Soria; nosotros vivimos en Valladolid.*

— La segunda persona, que es la que escucha: *Tú naciste en Valladolid; vosotros vivís en Madrid.*

— La tercera persona, que en muchos usos ni siquiera es persona, sino un mero elemento de referencia (lo que no sea ni primera ni segunda persona): *Él dijo que no lo haría; ellos aceptaron la propuesta: mi madre les pidió que no vinieran a la fiesta.*

Los pronombres personales varían de forma según los formantes de género y número *(yo, nosotros, nosotras...)* y también según la función sintáctica que desempeñan *(me, mí, nos...).*

Las formas que presentan los pronombres personales, según la función que pueden desempeñar, son:

a) Pronombres personales de 1ª persona en función de:

— Sujeto: *yo, nosotros, nosotras.*
— Objeto (directo/indirecto): *me, nos.*
— Sintagma preposicional: *mí, nosotros, nosotras.*
— Reflexivo: *me, nos.*

b) Pronombres personales de 2ª persona en función de:

— Sujeto: *tú, vosotros, vosotras.*
— Objeto (directo/indirecto): *te, os.*
— Sintagma preposicional: *ti, vosotros, vosotras.*
— Reflexivo: *te, os.*

c) Pronombres personales de 3ª persona en función de:

— Sujeto: *él, ella, ello, ellos, ellas.*
— Objeto directo: *lo, la, lo, los, las.*
— Objeto indirecto: *le, les.*
— Sintagma preposicional: *sí, él, ella, ello, ellos, ellas.*
— Reflexivo: *se.*

Las formas *nosotros/as, vosotros/as,* significativamente, no responde siempre al plural de *yo* y *tú,* sino que hacen también referencia, según su forma etimológica: *nos + otros/vos + otros,* al resto de las personas del coloquio:

> **N**osotros *estamos contentos (nosotros, vosotros y ellos).*
> **Vosotros** *cantáis (tú, tú, él, ellas...).*

Las formas *mí, ti, sí,* precedidas de la preposición *con,* adoptan las formas especiales: *conmigo, contigo, consigo,* como queda anotado más adelante.

EJERCICIOS:

a)   Completar las oraciones con los pronombres personales que puedan corresponder; pueden darse distintas posibilidades:

1. *Este regalo es para.....aunque no......merezcas.*
2. *......estamos muy contentos porque....han comprado un balón de reglamento.*
3. *....diré a todos lo que..........hemos traído.*
4. *Ese mueble......compramos......en aquella tienda.*
5. *Pregunta.....a....si....ha visto.*
6. *A....ya......hemos avisado.*
7. *........no....diste permiso.*
8. *A.....no......puede encontrar.*

b) Expresar enunciados oracionales en los que aparezcan las formas que siguen:

> *Para mí....; consigo...; contra ti...; de nosotros...; conmigo...; para sí ..; entre ellos...*

6.1.1.1. Usos y formas especiales de los pronombres personales

Los pronombres personales presentan formas muy diversas según su valor, significación, uso y función; por ello es frecuente en el uso de la lengua que aparezcan vacilaciones y utilizaciones peculiares e incorrectas de estas formas pronominales. Así:

a) En el uso de los pronombres personales de tercera persona en función de objeto, el criterio etimológico diferencia las formas de c. directo: *lo, la, lo, los* y *las,* y las de c. indirecto: *le* y *les,* pero en el uso lingüístico son frecuentes las vacilaciones y la utilización incorrecta de estas formas pronominales; es lo que se conoce con los nombres de leísmo, laísmo y loísmo (véase § 3.5.2):

> *A Juan **le** vimos ayer* (leísmo permitido).
> *A María **le** vimos ayer* (leísmo).
> *Al gato **le** vimos cuando se comía la merluza* (leísmo).
> ***La** dije a tu madre toda la verdad* (laísmo).
> ***Los** di todo lo que tenía* (loísmo).

b) Las formas *mí, ti, sí,* van siempre regidas por preposición, y si es la preposición *con,* presentan las formas lexicalizadas: *conmigo, contigo, consigo:*

> *Tu hermano vino **conmigo** al fútbol.*
> *Cuento **contigo** para el partido.*
> *Juan cogió el balón y se lo llevó **consigo.***

Estas formas, que proceden de las voces latinas: *mecum, tecum, secum,* respectivamente, responden a una evolución etimológica especial. En principio, y como resultado de la transformación fonética propia, se dieron las formas: *migo, tigo y sigo,* pero por no reconocerse a *"go"* como la misma preposición latina pospuesta *(cum > go),* esta preposición latina *(cum = con)* se volvió a "pegar" al principio de la forma pronominal: *conmigo, contigo, consigo.*

c) La forma *sí* de 3ª persona no presenta variación de número, ni de género *(es para sí = para él, ella, ellos, ellas),* por lo que su referencia significativa es imprecisa.

Por esta razón, su uso es escaso, y casi exclusivo de la lengua escrita. En la lengua hablada la forma *sí* ha sido reemplazada por las formas *él, ella, ellos, ellas, que,* aunque menos lingüísticas, son más precisas significativamente para el hablante:

> *Esto se lo guardo para sí.*
> *Esto se lo guardó para él (para ella, para ellos, para ellas).*

Lo mismo ocurre con la forma *consigo,* que por su valor genérico, es sustituida por otras formas pronominales más precisas:

> *...Luego el joven se fue **consigo.***
> *...Luego el joven se fue con él (con ella, con ellos, con ellas).*

d) Las formas inacentuadas *me, te, se, le, la, lo,* y sus plurales, suelen colocarse delante del verbo, pero no es rara la posposición, bien por razones de uso regional o por razones literarias o de estilo.

En la lengua moderna, la posición enclítica o proclítica (antepuesta o pospuesta) de estas formas pronominales complementarias se regula, en general, del modo siguiente:

- Con imperativo, gerundio e infinitivo, el pronombre es necesariamente enclítico, va pospuesto:

> **Dame** *mi libro.*
> *Diciéndote esto, cumplo.*
> *Hay que pensarlo mejor.*

- Con las demás formas verbales pueden ir antepuestos o pospuestos:

> **Se** *acercó/acercóse.*
> **Le** *pides/pídele.*

Hoy, la posposición pertenece casi de forma exclusiva a la lengua literaria, y a usos locales o regionales; es frecuente en Galicia, Asturias y León.

Si el verbo lleva más de una forma pronominal, estos pronombres deben ir necesariamente todos antepuestos o todos pospuestos; no es posible anteponer unos y posponer otros. Así, se puede decir:

> **Nos lo** *pidieron/pidiéronnoslo.*
> **Te lo** *ruego/ruégotelo.*

Cuando concurren varios pronombres, la forma *se* debe preceder a todos; los de 2ª persona deben ir siempre delante de los de 1ª, y cualquiera de los pronombres de 1ª o de 2ª deben ir antes de los de 3ª:

> **Se te** *quiere mucho.*
> **Se nos** *pidió eso.*
> *No* **te nos** *enfades.*
> *No* **os me** *perdáis.*
> *No* **te lo** *aprendas.*
> *No* **me los** *presentaron.*

Es frecuente en la lengua vulgar el uso de formas que se consideran en otros niveles lingüísticos poco elegantes e incorrectos; por ejemplo:

> ***Me se** cayó el bolígrafo.
> ***Te se** ha olvidado muy pronto.
> ***Me se** dijo eso.
> ***Te se** rompió muy pronto el coche nuevo.

e) Cuando las formas inacentuadas aparecen en frases de significado imperativo y se refieren a sustantivos en plural, es frecuente que la *n* de la 3ª persona del plural del verbo pase a la forma pronominal o, aun considerándose la *n* en el verbo, repercuta también en el pronombre, y se formen expresiones incorrectas:

Demen todo lo que tengan (por denme...).
Siéntensen todos (por siéntense).

f) Las formas pronominales de 3ª persona *le, les,* cuando aparecen combinadas con las formas *lo, la, los, las,* y van antepuestas a éstas, adquieren la forma *se:*

Yo *le/les di dinero* = yo *le/les lo di* = yo *se lo di.*

Este cambio de forma, motivado por razones de pronunciación, está documentado en el uso de la lengua desde el siglo XV. En principio, la forma utilizada era *ge,* pero siguió un proceso de transformación y adoptó desde los siglos XVI-XVII la forma *se.*

g) En la lengua moderna es cada vez más frecuente el uso redundante de las formas pronominales, aunque en muchos casos esa redundancia no se dé por capricho, sino que responda a razones de estilo, de función o de significación. Es lo que ocurre, por ejemplo, en el uso de las formas pronominales que aparecen junto al nombre al que sustituyen, y que se dan casi de forma generalizada cuando aparecen el c. directo o el c. indirecto antepuestos:

A tu padre *le* vi en el fútbol.
A tu hermana *le* dimos ayer un buen susto.

h) Es frecuente, también, el uso erróneo de la forma *le* con valor de plural sin atender las relaciones de concordancia:

Dábale consejos a los hijos el padre (por dábales...).
Nunca le agrada a los privilegiados la igualdad de oportunidades (por les agrada...).

i) El esquema lingüístico propio de las fórmulas de tratamiento para dirigirnos a la segunda persona en el coloquio debería ser, por razones etimológicas y de analogía, con la 1ª persona *(yo, nosotros, nosotras), tú, vosotros, vosotras.*

Pero el uso lingüístico, y las exigencias derivadas de las distintas condiciones de clase o categoría personal de los interlocutores, han motivado diversas fórmulas de tratamiento según distintos hábitos sociales o regionales. Así, junto a las formas *tú, vosotros, vosotras,* aparecen *usted/ustedes,* como tratamiento de respeto, y la forma *vos* como forma de uso regional en Hispanoamérica:

> **Tú** *quieres venir con nosotros.*
> **Usted** *quiere venir con nosotros.*
> **Vos** *queréis venir con nosotros.*
> **Vosotros** *queréis venir con nosotros.*
> **Ustedes** *quieren venir con nosotros.*

Existen también otras fórmulas de 2ª persona que se utilizan en la lengua escrita (lenguaje burocrático, instancias, certificados...) y en usos sociales restringidos, aunque han ido perdiendo en la lengua actual el significado de honra, de dignidad y de reverencia personal que tenían en los siglos anteriores, y expresan ya sólo en muchos usos un mero valor testimonial. Entre ellas:

> *Vuestra Alteza.*
> *Vuestra Majestad.*
> *Vuestra Excelencia (Voecencia).*
> *Vuestra Señoría (Usía).*
> *Vuestra Ilustrísima (V.I.).*
> *Vuestra Merced.*

EJERCICIOS:

a) Indicar si las formas pronominales aparecen correcta o incorrectamente expresadas:

1. *Me se ha olvidado traerlo.*

2. *Acérquense todos ustedes.*
3. *Yo y él lo sabíamos.*
4. *No iré con ti a ningún sitio.*
5. *Siéntensen si están cansados.*
6. *No le digas a tus padres nuestros secretos.*
7. *Nosotros y vosotros lo haremos bien.*

b) Indicar si el uso de los pronombres personales *le, la, lo, les, los, las,* aparece expresado de forma correcta o incorrecta:

1. *No los invitaremos a la fiesta.*
2. *No los digáis nuestros secretos.*
3. *A tu hermano le vi en el parque.*
4. *Ese libro le compré en esa librería.*
5. *Al gato le vi a la puerta de la calle.*
6. *No la digáis nada todavía.*
7. *A tu amiga le daremos una entrada.*
8. *El sargento los ordenó quedarse en el cuartel.*

6.1.2. LOS PRONOMBRES RELATIVOS

Los *pronombres relativos* son formas especiales de la lengua que utilizamos para sustituir al nombre, que es a la vez su antecedente, en el discurso; así, en la expresión: *ése es el hombre, el hombre te busca,* el sustantivo *hombre* se sustituye por el pronombre relativo *que:*

*Ése es el hombre **que** te busca.*

Los pronombres relativos desempeñan tres funciones en el uso lingüístico:

a) Son pronombres; sustituyen al nombre que es a su vez el antecedente:

*El libro es bonito/leo el libro = el libro **que** leo es bonito.*

b) Son los nexos de unión entre la oración y la proposición adjetiva o de relativo; por ello, el pronombre relativo es la primera palabra de la proposición adjetiva:

> *El jugador **que** metió un gol era mi hermano.*
> *A los alumnos **que** estén callados les daremos un premio.*

c)   Son sintagmas, desempeñan funciones sintácticas dentro de su oración:

> *El señor **que** viene es mi padre (sujeto).*
> *El coche **que** tenemos es nuevo (c. directo).*
> *Aquél es el alumno **a quien** dimos ayer un buen susto (c. indirecto).*
> *La señora **con quien** me viste pasear era mi madre (c. circunstancial).*

Las formas de los pronombres relativos son: *que, cual, quien, cuanto* y *cuyo*.

• *QUE:* El pronombre relativo *que* se utiliza referido a personas y a cosas, y es invariable; admite la presencia del artículo, cuyo uso es, sobre todo, frecuente en la lengua popular:

> *Ésa es la puerta **por que** escapó/**por la que** escapó.*

Aunque el pronombre relativo *que* puede usarse en algunos casos (cuando el antecedente expresa circunstancia de tiempo o de lugar) sin preposición, debe llevar, como norma de uso general, la preposición que corresponda a la función sintáctica que desempeña:

> *El día **que** lo* vi (correcto).

> * *Se levantaron de la mesa **que** estaban* (incorrecto, *de la mesa
>   en que estaban*).

• *CUAL:* Se utiliza referido a personas y cosas. En la lengua moderna se utiliza siempre con artículo, y presenta variación de número, pero no de género:

> *El niño **al cual** vimos, era mi hermano.*
> *Las niñas, **a las cuales** dieron dinero por su representación, son
>   de Soria.*

- *QUIEN*: El pronombre relativo *quien* se utiliza sólo referido a personas o cosas personificadas; presenta variación de número, pero no de género, y no admite nunca artículo:

> *Los niños **a quienes** vimos ayer en el patio eran huérfanos.*
> *La chica **a quien** llamamos era mi prima.*

- *CUANTO*: Se utiliza referido a personas y cosas, y presenta variación de género y número:

> *Éstos son todos los libros **cuantos** tengo.*
> *He traído todas las monedas **cuantas** vi.*

- *CUYO*: El pronombre relativo *cuyo* se utiliza referido a personas y cosas, y presenta variación de género y número:

> *Los árboles **cuyas** hojas son de color verde oscuro son higueras.*
> *La casa **cuyos** balcones son de madera es de mi hermana.*

Cuyo es un pronombre especial, pues funciona a la vez como determinante posesivo y como pronombre relativo. Procede del genitivo latino *cuius,* y conserva desde su origen el doble valor relativo y posesivo. Por ello, no concuerda con el antecedente, sino con el consiguiente, al que obligatoriamente precede:

> *La casa **cuyas** puertas son rojas, es mía.*
> (*La casa es mía/sus puertas son rojas*)

EJERCICIOS:

a) Indica la función sintáctica de los pronombres relativos que aparecen:

1. *Tu padre llevaba un traje que parecía de otra época.*
2. *Ése es el coche en que fuimos a la boda.*
3. *Aparecieron unos documentos que cambiaron la vida de toda la familia.*
4. *Vivía en la ciudad en que se encuentra enterrada la esposa de Antonio Machado.*

5. *Ponte el vestido que te regalé.*
6. *Vive en una casa que tiene muchas ventanas.*
7. *El repartidor que trae la leche que bebemos no ha venido hoy.*
8. *Dirígete al señor que lleva gafas.*
9. *El señor a quien robaron la cartera ha puesto una denuncia.*
10. *Ésas son las chicas con quienes paseamos.*
11. *Ése es el agujero por que huyó el ladrón.*
12. *Ayer vi de nuevo a las chicas que bailaron con nosotros.*
13. *El coche que tienes gasta mucho.*
14. *Tenemos que grabar los anillos de boda que hemos comprado.*
15. *Aquel hombre, de quien no se conocía ni el nombre, era un genio.*
16. *Te he comprado el reloj que tanto te gustaba.*
17. *Ésa es una moda que pasará.*
18. *El reloj que lleva tu novio no marca los segundos.*

6.1.3. USOS Y VALORES DE LA FORMA *SE*

La forma *se* adquiere en el uso de la lengua distintos valores y funciones; es una unidad lingüística plurifuncional: puede funcionar como verbo y como forma pronominal:

a) Como verbo, lleva acento diacrítico: *sé* (primera persona del presente de indicativo del verbo *saber: yo sé;* segunda persona de singular del imperativo del verbo *ser: sé tú*):

> Yo no **sé** la nueva noticia.
> Yo sé un buen consejo, y te lo doy: **sé** siempre tú mismo.

b) Como forma pronominal, es una palabra átona, y ha adquirido a lo largo de la historia de nuestra lengua diversos usos y funciones:

• *Se* pronombre personal de tercera persona en sustitución de *le/les* en función de c. indirecto:

Ello ocurre cuando aparecen juntas las formas *le/les* y las formas *lo, la/los, las:*

> *Yo di dinero a mi hermano = yo le lo di = yo **se** lo di.*
> *Yo di un regalo a mis padre = y les lo di = y **se** lo di.*
> *Yo di caramelos a los niños = yo les los di = yo **se** los di.*

La sustitución de *le/les* por *se* está registrada en el uso lingüístico desde el siglo XIV, y procede de la especial evolución fonética que ha sufrido la forma pronominal latina *ille: lle:ge, y* finalmente *se.*

La forma *se* es invariable; se emplea para singular y plural:

> *Querían que **se** lo diese (a él, a ella, a ellos, a ellas).*

A causa de esta ambigüedad, se exige a menudo la presencia de las formas tónicas del pronombre o de los sustantivos a que se refiere la forma *se:*

> ***Se** lo di a él.*
> ***Se** lo di a mi hermana.*
> ***Se** lo di a ellos, a mis padres.*

- *Se* pronombre reflexivo:

Es la forma que adquiere el pronombre personal de tercera persona cuando funciona como complemento directo o complemento indirecto en una oración reflexiva, en la que el sujeto y el objeto coinciden:

> *Juan peina a Juan = Juan **se** peina.*

Puede funcionar como c. directo y como c. indirecto:

*La niña **se** mira en el espejo* (c. directo).
*La niña **se** miraba los lunares en el espejo* (c. indirecto).

- *Se* pronombre recíproco:

Es una variante del *se* reflexivo. Se utiliza en las oraciones recíprocas, en las que el sujeto, que se refiere al menos a dos agentes, realiza y recibe la acción mutuamente:

*Juan besa a María/María besa a Juan = Juan y María **se** besan.*

Puede funcionar como c. directo e indirecto:

*Juan y Alberto **se** golpean* (c. directo).
*Juan y Alberto **se** dan golpes* (c. indirecto).

- *Se* morfema verbal:

Es el pronombre que acompaña a los verbos que exigen en su conjugación una forma pronominal. Son los llamados verbos pronominales: *arrepentirse, alegrarse, hallarse, irse, morirse, reírse...*

*Mi padre no **se** arrepiente de nada.*
*Ellos **se** alegraron mucho con tu visita.*
*Todos **se** hallaban contentos ese día.*
*Juan **se** iba pensativo.*
***Se** morían de miedo con las historias que les contábamos.*

La forma pronominal está asociada forzosamente al verbo, y pierde propiamente su valor pronominal y funcional, aunque siga conservando el valor de indicador de la persona gramatical a la que pertenece la forma verbal conjugada: *yo **me** arrepiento, tú **te** arrepientes, él **se** arrepiente.*

Por ello, el *se* morfema verbal no tiene función sintáctica y es sólo un indicador o morfema de significado y valor verbal:

*Juan **se** aleja* (verbo *alejarse*).
*Ellos **se** encuentran cansados* (verbo *encontrarse*).

- *Se* morfema de pasiva refleja:

La pasiva refleja es una forma muy utilizada en nuestra lengua (véase § 4.2.2). Se construye con la forma pronominal *se,* que se ha gramaticalizado y ha perdido su valor y función pronominal, y actúa como mero indicador de una estructura activa con significado pasivo: como indicador de pasiva refleja:

***Se** alquilan habitaciones.*
***Se** hacen fotocopias.*

Se venden pisos.
Se anunciaban rebajas por todas partes.
Se esperan buenas noticias sobre el accidente.

- *Se* morfema de impersonal refleja:

Las oraciones impersonales reflejas son estructuras secundarias derivadas de la pasiva refleja, como ya hemos estudiado (véase § 4.2.2.1).
El *se,* que se ha gramaticalizado y ha perdido su valor y función pronominal, funciona como mero morfema o indicador de estas estructuras
impersonales:

Se les avisó de eso.
Se dice eso por ahí.
Se ve a los alumnos en el patio.
Se las esperaba a la salida.

- *Se* ético o de interés:

El *se* ético o de interés adquiere en el uso lingüístico valores que están
muy próximos a algunos de los anotados con anterioridad: reflexivo, pronombre personal en función de c. indirecto y pronombre verbal.
El pronombre ético carece de función sintáctica, y se utiliza en expresiones que indican que el sujeto realiza la acción para su propio provecho
o interés (de aquí su nombre):

*Juan **se** pasea todos los días.*
*La niña **se** comió la tarta.*
*Los alumnos **se** temen lo peor.*
*Los estudiantes **se** aprenden la lección.*

En algunas frases, como decíamos más arriba, este valor expresivo
aparece atenuado, y puede confundirse con otros usos. Así, por ejemplo:

*Juan **se** va a Madrid* (ético/morfema verbal).
*Juan **se** ha comprado un libro* (ético/en función de c.indirecto).
*Juan **se** tira* (ético/ reflexivo)...

EJERCICIOS:

a)   Indicar los valores de la forma pronominal *se* en las frases que siguen:

1.   *Se divulgó la noticia por parte de la prensa.*
2.   *Los alumnos se aprendieron la lección.*
3.   *Juan se apeó del tren antes de la salida.*
4.   *Se dicen cosas muy duras contra el gobierno.*
5.   *No todos se arrepentían de sus actos.*
6.   *El entrenador y el defensa se chillaron al final del partido.*
7.   *Mi hermano y su novia se escriben frecuentemente cartas de amor.*
8.   *Aquí se os quiere a todos.*
9.   *Mi hijo ya se viste solo.*
10.   *A mi hija se lo daré mañana el regalo.*
11.   *Los vagos se quejan demasiado de sus obligaciones.*
12.   *Mis hijos se prestan los juguetes.*
13.   *Mi padre a veces no se cree capacitado para la guerra.*
14.   *Mañana se conocerán los resultados de las elecciones.*
15.   *Todos se escaparon corriendo de allí.*
16.   *En España se fuma y se bebe mucho.*
17.   *Cogí el balón y se lo di a tu amigo.*
18.   *Algunas personas se avergüenzan de sus valores y virtudes.*
19.   *Mi madre estaba distraída y se olvidó de apagar el fuego.*
20.   *Todos los días se esperan a la salida y se dan un beso.*

6.2.   USOS Y VALORES DE LA FORMA *QUE*

Que es una de las palabras más utilizadas en nuestro idioma, y una de las formas lingüísticas que presenta mayor variedad de usos y funciones. Aquí anotamos los valores principales que puede presentar, y que ya han sido analizados por separado en nuestro estudio, principalmente como nexo o forma conjuntiva.

Puede funcionar como forma pronominal y como nexo oracional o conjunción:

a)   Como forma pronominal, puede ser:

* Pronombre relativo:

> *Los niños **que** vemos son mis hijos.*
> *La casa **que** compramos la construyó Gaudí.*

* Pronombre interrogativo y exclamativo, con acento diacrítico o distinguidor:

> *¿**Qué** quiere?*
> *Dime **qué** quieres.*
> *¡**Qué** bonita es tu mirada cuando me ves!*

b)   Como conjunción, ha adquirido a lo largo de la historia de nuestra lengua múltiples valores, hasta llegar a ser la conjunción comodín utilizada en la mayor parte de las relaciones oracionales, o como componente de muchas de las locuciones conjuntivas utilizadas.

Entre los valores del nexo *que*, destacamos:

* Nexo de proposiciones sustantivas:

> *Quiero **que** vengas.*
> *Me conformo **con que** aprobéis todas las asignaturas.*

* Nexo de perífrasis de infinitivo:

> *Todos tenemos **que** estudiar.*
> *Hay **que** ser más prudentes en las declaraciones públicas.*

* Nexo narrativo (enunciativo), con el que empiezan algunos escritos:

> *"**Que** de noche le mataron al caballero."*

Suele coincidir con el *que* sustantivo en proposiciones dependientes sin que aparezca la oración principal:

> *(Creo) **Que** ya os lo dije ayer, hoy no os lo repito.*
> *(Os digo) **Que** debéis obedecer todos, y es mi última recomendación.*

- <u>Nexo copulativo,</u> frecuente en frases hechas:

> *Dale* **que** *dale.*
> *Erre* **que** *erre.*

- <u>Nexo distributivo:</u>

Que *vengas,* **que** *no vengas...*
Que *te toque a ti,* **que** *me toque a mí, todo queda en casa.*

- <u>Nexo disyuntivo:</u>

> *Quiera* **que** *no... lo haré.*
> *Venga* **que** *no venga, no lo logrará.*

- <u>Nexo adversativo:</u>

> *No corre,* **que** *vuela.*
> *No estudia,* **que** *trabaja.*

- <u>Nexo concesivo:</u>

A mí, **que** *no suelo ser muy llorón, me hizo llorar.*
La niña, **que** *debía estar agradecida, también protestó.*

- <u>Nexo causal:</u>

> *No esperes,* **que** *no iré.*
> *No te rías,* **que** *no estoy para bromas.*

- <u>Nexo comparativo:</u>

> *Tiene más deudas* **que** *tejas tiene el tejado.*
> *Tiene más razones* **que** *un santo.*

- <u>Nexo consecutivo:</u>

> *Es tan furioso* **que** *asusta.*
> *Estaba tan caliente la sopa* **que** *quemaba.*

• Nexo final:

> *Date la vuelta, **que** te veamos todos.*
> *Ponte las gafas, **que** te las vea tu hermano.*
> *......... Etcétera.*

EJERCICIOS:

a) Indicar el valor que adquiere el nexo *que* en las oraciones que siguen:

1. *Tápate, que no se te vea la herida.*
2. *Aconseja a tu hermano que no venga.*
3. *Corre que se las pela.*
4. *Ha cogido una que no se tiene.*
5. *Un momento, que voy a entrar.*
6. *Me agrada que vengáis a verme tan amenudo.*
7. *No te rías, que no está el horno para bollos.*
8. *Tenemos que ser respetuosos con los mayores.*
9. *El señor que ha pasado es el profesor.*
10. *Mucho ojo, que la vista engaña.*
11. *Tiene más dinero que pajas tiene el pajar.*
12. *Se reunió una muchedumbre que era aquello un hormiguero.*
13. *No vengas, que está mi madre enfadada.*
14. *Vámonos, que ya es tarde.*
15. *Todos tienen deseos de que sus hijos triunfen.*
16. *Tengo un calenturón que estoy ardiendo.*
17. *No viene, que se va.*
18. *Quieras que no quieras, yo lo haré.*
19. *Grita tanto que asusta.*
20. *Hablaba tanto que se reía la gente.*
21. *No me lo expliques más que lo entiendo perfectamente.*
22. *No tiene sentido que sigamos discutiendo.*
23. *Tu novio es tan serio que impresiona a todo el mundo.*
24. *Necesitamos que alguien nos eche una mano.*

25.   Hay que terminar el trabajo hoy, que mañana es fiesta.
26.   No sabemos qué ha ocurrido.
27.   Debemos salir pronto, que luego hay mucho tráfico.

6.3.   LA CORRECCIÓN LINGÜÍSTICA. ALGUNAS INCORRECCIONES GRAMATICALES Y SINTÁCTICAS

Aunque todos los hablantes tienen un conocimiento práctico (más o menos limitado, ya que sólo utilizamos unos pocos centenares de construcciones) de la lengua que usan como vehículo de comunicación, es frecuente el uso de incorrecciones en el ejercicio de la lengua.

En principio, para los hablantes la lengua que utilizan es siempre correcta, en cuanto que les sirve como instrumento de comunicación e interpretación; "cuando uno se hace entender habla siempre bien", decía la criada en la obra de Molière: *Les femmes sauvantes*.

Así, las formas *haiga, *conoció, *andó, *me se cayó, *habían muchos espectadores, *melicina*, son válidas para los que las usan; son los otros hablantes los que consideran estos usos inadecuados, según el modelo de corrección lingüística que imponen los hablantes cultos y los gramáticos, que consideran la lengua como producto y expresión de una cultura que se manifiesta de forma correcta o incorrecta.

Con ello queremos expresar que los conceptos de corrección e incorrección en lingüística son subjetivo, ya que responden más a criterios culturales, políticos, sociales, personales o de grupo que a razones objetivas o científicas.

Además, la movilidad de la lengua hace que los conceptos de corrección e incorrección no sean fijos y presenten variaciones históricas, regionales o locales. Lo que hoy es incorrecto: *El arena, *cuando los gallos cantarán* (por: *la arena/cuando los gallos canten)*, era correcto en los primeros siglos de existencia de nuestra lengua.

En cambio, hoy se prefiere, por ejemplo, el uso de expresiones como *Los García, Los Machado, Los Quintero*... a las formas que respetan la concordancia: *Los Garcías, Los Machados, Los Quinteros*, que en épocas anteriores se consideraban exclusivas y propias.

Asimismo, es frecuente encontrar expresiones lingüísticas que se consideran correctas en España, y sin embargo, son rechazadas en Hispanoamérica; por ejemplo, en España son cultas las acentuaciones *[cardiáco], [amoniáco], [período]*..., pero no lo son en Hispanoamérica, donde se prefieren las formas *[cardíaco], [amoníaco, [periódo]*...

Con todo, y aunque creemos que los conceptos de corrección/incorrección han de medirse y valorarse de forma flexible, al margen de los criterios rigurosos de los gramáticos academicistas y de los interlocutores intransigentes, pensamos que es bueno que los hablantes intenten superar sus limitaciones de expresión y que se acerquen al uso y conocimiento de la lengua que la comunidad lingüística establece como modelo de corrección. Porque si decimos **haiga,* por *haya; *andó por anduvo; *habían muchos espectadores,* por *había muchos espectadores*... es posible que expresemos el pensamiento con propiedad, pero es evidente que, en todo caso, la forma sería impropia o incorrecta.

Además, los hablantes tienen necesidad de corregir estas imprecisiones; unas veces, por razones de superación personal; otras, porque es la propia sociedad, que normalmente se articula en torno a una cultura lingüística, la que exige, como expresión de valor, la corrección; y otras, porque los gramáticos y enseñantes de la lengua ponen gran interés —a veces, incluso, excesivo celo— en corregir las formas y usos que se consideran incorrectas.

Nosotros participamos también en esta tarea, y por ello anotamos a continuación algunos de los usos incorrectos que aparecen en el uso de la lengua. Con todo, no pretendemos agotar todo el muestrario posible de errores de uso (son ya numerosos y válidos los trabajos dedicados al análisis y tratamiento de los errores lingüísticos), sino sólo poner ejemplos de los más frecuentes y representativos.

Además, los ejemplos que anotamos (que ni siquiera presentan un orden lógico ni temático de aparición) no sólo reflejan errores sintácticos, como debería corresponder al contenido de nuestro trabajo, sino también, y frecuentemente, otros errores morfológicos que son habituales en el uso de la lengua y de los que los estudiosos no hallarán aquí explicación teórica alguna, sino sólo la forma corregida y correcta en el solucionario.

EJERCICIOS:

a)   Señalar y corregir las incorrecciones que aparecen en las oraciones siguientes:

1. *Se estaban intentando cerrar las salidas de Madrid.*
2. *Nosotros nos gustaría que vinieras a casa más a menudo.*
3. *Los alumnos parecen que no entienden nada.*
4. *La víctima del atentado estaba soltero.*
5. *Os digo que se atenderá todas las peticiones.*
6. *Las amigas que salimos a menudo con ellas son bastante simpáticas.*
7. *A estos niños hay que darle muchas vitaminas.*
8. *Éstos son los jugadores del equipo a quien tanto admiráis.*
9. *Nunca le ocultaré a mis amigos los asuntos de trabajo.*
10. *Se comentó en la sede del partido las declaraciones del delantero centro.*
11. *Yo sé bien que se dio estas noticias por TV.*
12. *Dime el por qué no llegaste a tiempo.*
13. *Cuando tú vinistes ya me había ido yo.*
14. *En Madrid se detuvieron cinco personas relacionadas con el atentado.*
15. *Hay personas a las que se las convencen con facilidad.*
16. *Sería bueno que se expulsaran a los aficionados violentos de los estadios.*
17. *Yo nacía en Soria mientras mi hija nació en Valladolid.*
18. *Fue en la casa de mis vecinos que entraron los ladrones.*
19. *Expulsaron a cinco amigos del instituto en base a los actos vandálicos que cometieron.*
20. *Coméntame a grosso modo lo que pasó.*
21. *Contra más chillo, menos caso me hacen.*
22. *Entre más gente haya, mejor.*
23. *Va haber que expulsarlo del partido.*
24. *Yo pienso de que no deberías hacer esas cosas.*
25. *Estoy seguro que tu familia ha vendido el coche.*
26. *Tengo miedo que no me avisen de su llegada.*

27. *No hay duda que la gente sabe bien lo que quiere.*
28. *Pon eso encima la mesa del comedor.*
29. *Juega al billar suavemente y delicadamente.*
30. *Te aseguro que son los jugadores mejores pagados del equipo.*
31. *Me gustaría que esto te satisfaciera.*
32. *Yo querría que esto suponiera una nueva vida para ti.*
33. *Mi padre no preveyó los que iba a suceder.*
34. *Si no fuera tan guapa, mi novio me quedría menos.*
35. *En aquel momento me distraí y no me enteré de lo que me dijiste.*
36. *El Congreso abole hoy la Ley de Presupuestos.*
37. *Llevárosla a casa; está muy cansada.*
38. *Oyes ven para acá.*
39. *No entrad en la habitación cuando yo esté durmiendo.*
40. *¡Estaros quietos de una vez!*
41. *Me mostraron un libro conteniendo muchas ilustraciones.*
42. *Mi hermana se marchó a Soria, siendo allí muy feliz.*
43. *Encontré un bolso conteniendo cien mil pesetas.*
44. *En aquel aula hace mucho frío.*
45. *Mi hermano siempre tiene mucho hambre.*
46. *Busco a una secretaria sabiendo escribir a máquina.*
47. *El Real Madrid ganó el partido siendo aplaudido por el público.*
48. *Entregué las notas a los alumnos poniéndose muy contentos.*
49. *Si vendría mi hermano, te pegaría una paliza.*
50. *Si lo habríamos sabido, hubiéramos contestado.*
51. *El mes pasado sólo he ido un día al cine.*
52. *Falleció ayer en Madrid el que fuese gran actor de cine, Fernando Rey.*
53. *Hubieron alumnos que protestaron.*
54. *Los exámenes que puedan haber este curso me preocupan.*
55. *Hacen siglos que no os veía.*
56. *Al entrenador del Madrid, Benito Floro, lo ha cesado el presidente sin motivo.*

57. *No lo quedes ahí, te lo pueden llevar.*
58. *Lo vas a caer todo, hijo, si no tienes cuidado.*
59. *Confiemos que salgan bien las cosas.*
60. *El conflicto amenaza la suspensión de las clases*
61. *Marcharos, que quiero quedarme solo.*
62. *Haced una sóla ecuación.*
63. *Haced solo una ecuación.*
64. *Ir a clase todos los días, si queréis aprobar.*
65. *Váyansen todos inmediatamente de aquí.*
66. *Ves a tu casa y me traes la pelota que te dejé.*
67. *Mi hermano es como muy guapo.*
68. *Tu hermana es más mayor que la mía*
69. *Mi novio es el más guapísimo del mundo.*
70. *Me gusta cumplir la ley del más mínimo esfuerzo.*
71. *Mi hijo es un chico valientísimo y fuertísimo.*
72. *Pocos profesores hay más preocupados por sus alumnos como el de Música.*
73. *Hay que buscar las ideas más principales del texto.*
74. *No creo que haya habido en los últimos años equipo más peor que éste.*
75. *Esta parcela es tres veces mayor a la de mi padre.*
76. *En el autobús que íbamos a Guadalajara había una bomba.*
77. *No olvidaré nunca el año que te conocí.*
78. *El Gobierno no cerrará las fábricas a quienes ha subvencionado.*
79. *Con el destornillador que apreté aquel tornillo he conseguido aflojar éste.*
80. *Todos nos destornillábamos de risa.*
81. *Cogí el frutero y le puse encima de la mesa.*
82. *Voy a ver a la directora para comentarla lo que ha pasado.*
83. *Aunque tú no la vistes, sí que estaba allí.*
84. *No te se ocurre nada interesante.*
85. *¿Sabes lo que le dijeron a tus padres?*
86. *A mi compañera de clase la huelen los pies.*
87. *Fueron las malas carreteras quienes no dejaron prosperar a este país.*

88. *Algún día nos explicará el por qué de su actuación.*
89. *He visto un pueblo que no había nadie.*
90. *He leído un libro que el protagonista era un pajarito.*
91. *Hay que pasar por una calle que no digo el nombre.*
92. *En el colegio que estudia mi hijo hay un buen laboratorio.*
93. *Con la máquina que escribo esta carta, escribí la invitación.*
94. *En aquel aula no cabía nadie más.*
95. *Hugo Sánchez metió sendos goles en Vallecas.*
96. *Ése es el catorceavo ministro.*
97. *El equipo de mi pueblo ocupa la onceava posición.*
98. *Pronto veremos la águila negra.*
99. *Nadie quería firmar la acta de la reunión.*
100. *Ese pobre señor parece una alma en pena.*
101. *Tuvo un accidente en la autopista ingresando luego en el hospital.*
102. *Subiendo la escalera se me ha caído este agua.*
103. *Pensando de que iba a aprobar estudió poco.*
104. *No los digas a ellos nuestros secretos.*

6.4. EJERCICIOS DE ANÁLISIS SINTÁCTICO CON ORACIONES

En muchos de los manuales recientes de gramática y en los ejercicios de sintaxis, suele ser habitual que aparezcan mezclados en una misma forma de realización lingüística el análisis morfológico y el análisis sintáctico, que nosotros, más por razones pedagógicas y de claridad y sencillez que por razones científicas o lingüísticas, consideramos por separado.

Por consiguiente, en los ejercicios que aparecen a continuación, no hacemos referencia alguna a las unidades lingüísticas como categorías gramaticales, sino sólo a las funciones sintácticas que estas unidades desempeñan, como corresponde al sentido tradicional, ya clásico, del análisis sintáctico.

En los ejercicios aparece el análisis de diez oraciones simples y de diez oraciones compuestas, pero su realización en ningún caso debe tenerse como modelo exclusivo de análisis sintáctico; son simplemente formas concretas de análisis que nosotros consideramos válidas, pero que, como ha quedado expuesto anteriormente, como ejercicios de lengua, y además, de sintaxis, no deben ser definitivos, ya que en muchos de los usos que aparecen en los ejercicios es posible que quepa alguna otra variante o forma de interpretación.

Al final de este apartado aparecen también ejercicios con oraciones, que exigen, al menos en parte, la realización del análisis sintáctico:

a) **Oraciones simples.**

- *Todos los días tomamos café con leche.*
  c.c.   v.   c.n.
                            c.d.

— Sujeto: *(nosotros).*
— Verbo: *tomamos.*
— C. directo: *café con leche;* con leche, c. del nombre.
— C. circunstancial: *todos los días.*

- *Mi hijo estudia en un instituto de la capital.*
  suj.   v.   c.n.
                                  c.c.

— Sujeto: *mi hijo.*
— Verbo: *estudia.*
— C. circunstancial: *en un instituto de la capital; de la capital,* c. del nombre.

- *En el jardín de mi casa crecen flores.*
                    c.n.   v.   suj.
        c.c.

— Sujeto: *flores.*
— Verbo: *crecen.*
— C. circunstancial: *en el jardín de mi casa; de mi casa,* c. del nombre.

* <u>*Los niños*</u>   <u>*bajaban*</u>   <u>*felices*</u>   <u>*por los toboganes*</u>.
    suj.   v.   c.prd.   c.c.

— Sujeto: *los niños.*
— Verbo: *bajaban.*
— C. predicativo: *felices.*
— C. circunstancial: *por los toboganes.*

* <u>*Se*</u> <u>*vendían*</u>   <u>*a los alumnos*</u>   <u>*bocadillos*</u>   <u>*en el bar*</u>.
m.p.ref.   v.   c.i.   suj.   c.c.

— Sujeto: *bocadillos.*
— Verbo: *vendían.*
— Morfema de pasiva refleja: *se.*
— C. indirecto: *a los alumnos.*
— C. circunstancial: *en el bar.*

* <u>*Mi padre*</u>   <u>*estuvo*</u>   <u>*ayer*</u> *en un pueblecito* <u>*de Soria.*</u>
    suj.   v.   adv. _____
                                     c.n.
                          c.c.

— Sujeto: *mi padre.*
— Verbo: *estuvo.*
— Adverbio: *ayer.*
— C. circunstancial: *en un pueblecito de Soria; de Soria,* c. del nombre.

* <u>*Mi tía*</u>   <u>*compró*</u>   <u>*un ordenador portátil*</u>   <u>*a mi hermano*</u>
    suj.   v.   c.d.   c.i.

— Sujeto: *mi tía*
— Verbo: *compró.*
— C. directo: *un ordenador portátil.*
— C. indirecto: *a mi hermano.*

* <u>*El suceso*</u>   <u>*fue contado*</u>   <u>*por la víctima*</u>   <u>*al día siguiente*</u>.
    suj.   v.   c.ag.   c.c.

— Sujeto: *el suceso.*
— Verbo: *fue contado.*

— C. agente: *por la víctima.*
— C . circunstancial: *al día siguiente.*

• <u>*A mi madre*</u>   <u>*le*</u>   <u>*dolía*</u>   <u>*la pierna lesionada.*</u>
  c.i.   c.i.   v.   suj.

— Sujeto: *la pierna lesionada.*
— Verbo: *dolía.*
— C. indirecto: *a mi madre/le.*

• <u>*Hay*</u>   <u>*muchos papeles*</u>   <u>*tirados*</u>   <u>*en clase*</u>.
  v.   c.d.   c.prd.   c.c.

— Sujeto: *(impersonal).*
— Verbo: *hay.*
— C. directo: *muchos papeles.*
— C. predicativo: *tirados.*
— C. circunstancial: *en clase.*

b) **Oraciones compuestas.**

   <u>prop. sub. cond.</u>   <u>oración</u>
• <u>*Como*</u>   <u>*no*</u>   <u>*vengas,*</u>   <u>*no*</u>   <u>*te*</u>   <u>*veré*</u>.
  nexo adv.   v.   adv. c.d. v.

— Oración: *no te veré.*
   — Sujeto: *(yo).*
   — Verbo: *veré .*
   — C. directo: *te.*
   — Adverbio: *no*
— Proposición subordinada condicional (prótasis): *como no vengas.*
   — Nexo: *como.*
   — Sujeto: *tú.*
   — Verbo: *vengas.*

   <u>oración</u> _____   <u>prop. sustantiva: sujeto</u>
• <u>*Me*</u>   <u>*dolió*</u>   <u>*que*</u>   <u>*no*</u>   <u>*me*</u>   <u>*felicitara*</u>   *el día*   <u>*de mi cumpleaños*</u>.
  c.i.   v.   nexo adv. c.d.   v.   <u>_____ c.n. _____</u>
                                                    c.c.

— Oración: *me dolió.*
  — Sujeto: [la proposición sustantiva: *que no me felicitara el día de mi cumpleaños*].
  — Verbo: *dolió.*
  — C. indirecto: *me.*
— Proposición sustantiva en función de sujeto: *que no me felicitara el día de mi cumpleaños.*
  — Nexo: *que.*
  — Sujeto: *(él).*
  — Verbo: *felicitara.*
  — Adverbio: *no.*
  — C. directo: *me.*
  — C. circunstancial: *el día de mi cumpleaños, de mi cumpleaños,* c. del nombre.

prep. adj.					
sust. (sujeto)	oración			prop. sub. final	
El que apruebe	*debe estudiar*	*todo el temario*	*para*	*obtener*	*el título.*
suj. v.	v.	c.d.	nexo	v.	c.d.

— Oración: *debe estudiar todo el temario.*
  — Sujeto: [la props. adjetiva sustantivada: *el que apruebe*].
  — Verbo: *debe estudiar.*
  — C. directo: *todo el temario.*
— Proposición adjetiva sustantivada, sujeto: *el que apruebe.*
  — Sujeto: *el que.*
  — Verbo: *apruebe.*
— Proposición subordinada final: *para obtener el título.*
  — Sujeto: *(el).*
  — Verbo: *obtener.*
  — C. directo: *el título.*

oración			prop. sub. consecutiva			
Mi madre	*tomó*	*tanto café*	*que*	*no*	*pudo dormir*	*por la noche.*
suj.	v.	c.d.	nexo	adv.	v.	c.c

— Oración: *mi madre tomó tanto café.*

— Sujeto: *mi madre.*
— Verbo: *tomó.*
— C. directo: *tanto café.*
— Proposición subordinada consecutiva: *que no pudo dormir por la noche.*
— Sujeto: *(ella).*
— Verbo: *pudo dormir.*
— Adverbio: *no.*
— Circunstancial: *por la noche.*

oración	ora. coord. adver.

• <u>*Todos los amigos*</u> *me* <u>*visitaron*</u> <u>*pero*</u> <u>*no*</u> *me* <u>*dejaron*</u> <u>*ningún encargo.*</u>
    suj.   c.d.   v.   nexo adv. c.i   v.   c.d.

— Oración: *Todos los amigos me visitaron.*
  — Sujeto: *todos los amigos.*
  — Verbo: *visitaron.*
  — C. directo: *me.*
— Oración coordinada adversativa restrictiva: *pero no me dejaron ningún encargo.*
  — Nexo: *pero.*
  — Sujeto: *(ellos).*
  — Verbo: *dejaron.*
  — Adverbio: *no.*
  — C. directo: *ningún encargo.*
  — C. indirecto: *me.*

oración	prop. sust. sujeto	prop. adj.

• <u>*Me*</u> <u>*preocupa*</u> <u>*que*</u> <u>*no*</u> <u>*hayáis hecho*</u> <u>*todavía*</u> <u>*el trabajo*</u> <u>*que*</u> <u>*debíais haber*</u>
  c.i.   v. nexo adv.   v.   adv.   c.d.   c.d.   v.

prop. adj.

<u>*acabado*</u> <u>*esta mañana.*</u>
  v.   c.c

— Oración: *me preocupa.*
  — *Sujeto:* [la propo. sustantiva: *que no hayáis hecho todavía el trabajo*].

— Verbo: *preocupa.*
— C. indirecto: *me.*
— Proposición sustantiva de sujeto: *que no hayáis hecho todavía el trabajo.*
  — Nexo: *que.*
  — Sujeto: *(vosotros).*
  — Verbo: *hayáis hecho.*
  — Adverbio: *todavía.*
  — C. directo: *el trabajo.*
— Proposición de adjetiva o de relativo: *que debíais haber acabado esta mañana.*
  — Sujeto: *(vosotros).*
  — Verbo: *debíais haber acabado.*
  — C. directo: *que (el trabajo).*
  — C. circunstancial: *esta mañana.*

oración				prop. adj.		
Ayer	*llegaron*	*los atletas*	*que*	*ganaron*	*la medalla*	*de oro.*
adv.	v.	suj.	suj.	v.		c.n.
					c.d.	

— Oración: *ayer llegaron los atletas.*
  — Sujeto: *los atletas.*
  — Verbo: *llegaron.*
  — Adverbio: *ayer.*
— Proposición adjetiva o de relativo: *que ganaron la medalla de oro.*
  — Sujeto: *que (atletas).*
  — Verbo: *ganaron.*
  — C. directo: *la medalla de oro/de oro,* c. del nombre.

prop. sub concesivo				oración		
Con	*ser*	*tan rico,*	*sólo*	*come*	*tortilla*	*de patatas y garbanzos.*
nexo	v.	atrib.	adv.	v.		c.n.
					c.d	

— Oración: *sólo come tortilla de patatas y garbanzos.*

— Sujeto: *(él)*.
— Verbo: *come*.
— Adverbio: *sólo*.
— C. directo: *tortilla de patatas y garbanzos/de patatas y garbanzos*, c. del nombre múltiple.
— Proposición subordinada concesiva: *con ser tan rico*.
— Nexo: *con*.
— Sujeto: *(él)*.
— Verbo: *ser*.
— Atributo: *tan rico*.

prop. sub. final	oración	prop. sust. c.d.

• *Porque no te enfades te diré que los invitados se encuentran contentos*.
  nexo adv. p.   v.   c.i v. nexo   suj.   p.v.   v.   c.pred.

— Oración: *te diré*.
— Sujeto: *yo*.
— Verbo: *diré*.
— C. indirecto: *te*.
— Proposición sustantiva, c. directo: *que los invitados se encuentran contentos*.
— Nexo: *que*.
— Sujeto: *los invitados*.
— Verbo: *encuentran; se*, pronombre verbal.
— C. predicativo: *contentos*.
— Proposición subordinada final: *porque no te enfades*.
— Nexo: *porque*.
— Sujeto: *(tú)*.
— *Verbo: enfades; te*, pronombre verbal.

oración	prop. sub. causal	prop. sus: c.d.	prop. adj.

• *No acudí a la cita porque creía que era falsa la nota que me dejaste*
  nexo v.   c.c.   nexo   v.   nexo v. atrib.   suj.   c.d. c.i.   v.

— Oración: *no acudí a la cita*.
— Sujeto: *(yo)*.
— Verbo: *acudí*.

— Adverbio: *no*.
— C. circunstancial: *a la cita*.
— Preposición subordinada causal: *porque creía*.
— Nexo: *porque*.
— Sujeto *(yo)*.
— Verbo: *creía*.
— Proposición sustantiva, c. directo: *que era falsa la nota*.
— Nexo: *que*.
— Sujeto: *la nota*.
— Verbo: *era*.
— Atributo: *falsa*.
— Proposición adjetiva o de relativo: *que me dejaste*.
— Sujeto: (tú).
— Verbo: *dejaste*.
— C. directo: *que (la nota)*.
— C. indirecto: *me*.

EJERCICIOS:

a)   Indica de qué tipo son las proposiciones que aparecen en los enunciados oracionales que siguen:

1.   *Ana se cayó porque llevaba zapatos muy grandes.*
2.   *Cuando termine esta novela te la presto.*
3.   *Coloca las zapatillas donde te he dicho.*
4.   *No os subáis a la pared, que os vais a caer.*
5.   *Aunque me preguntes, no te responderé.*
6.   *Hacía tanto frío que se helaron los rosales.*
7.   *Este conserje es más eficiente que el anterior.*
8.   *Si yo fuera presidente, no habría mendigos.*
9.   *A pesar de que llevaba mi carné, no me dejaron entrar.*
10.   *Vayamos hasta donde fueron ellos.*
11.   *Dijo tantas mentiras como pelos tiene en la cabeza.*
12.   *En el caso de que vengas, me esperan unas duras jornadas.*
13.   *Con que aprobara tres asignaturas me conformaba.*
14.   *De los gritos que daba se asustaron todos los espectadores.*

15. *Es tan sabio, que todo el mundo le pregunta cosas.*
16. *Con tal de que no molestéis más, os compraré golosinas.*
17. *Está arreglada la bicicleta, si bien todavía hace algún ruido.*
18. *Por más que te lo advertí, te equivocaste.*
19. *Les dijo tales mentiras que les dejó boquiabiertos.*
20. *Porque tienes, niña, caprichitos, todo te parece poco.*
21. *Se enfada, cuando debía estar agradecido.*
22. *Aquí es donde aparca siempre el coche mi madre.*
23. *De haberlo sabido, te hubiera avisado.*
24. *Te envío los apuntes para que te los leas con tiempo.*
25. *Quítate la venda, que te vea la herida.*
26. *Viene a que le digamos las preguntas.*
27. *Con que se casara, sus padres estarían satisfechos.*
28. *Cenar demasiado es perjudicial para la salud.*
29. *Le llama con el fin de sacarle los cuartos.*
30. *Como lo hacía su madre, lo hace él.*
31. *Dime cómo lo has hecho.*
32. *Como se cree muy listo no pide nunca ayuda.*
33. *Como no lo aciertes, no te daré la propina.*

6.5. EJERCICIOS DE RECAPITULACIÓN Y DE AUTOEVALUACIÓN

1. Indicar en qué proposición aparece usado de forma incorrecta el pronombre relativo:

   a) *Fue a ese señor a quien le tocó la lotería.*
   b) *El chico con quien bailé era muy cortés.*
   c) *Es a mis tierras a quienes echaré el abono.*
   d) *A quien Dios se la dé, San Pedro se la bendiga.*

2. Señalar en qué oración tiene valor de morfema de impersonal refleja el pronombre *se:*

   a) *Se comentan esas cosas por la calle.*
   b) *Se fue a casa muy enfadado.*

   c)   *Se les enseñó a respetar a sus mayores.*
   d)   *Se vendían para los pasajeros bocadillos en el bar.*

3.   ¿En qué enunciado adquiere el nexo *que* valor final?

   a)   *Todos deseamos que lo hagáis bien.*
   b)   *Tiene más fallos que los coches del desguace.*
   c)   *Enséñalo otra vez, que lo veamos todos.*
   d)   *Dijo unas cosas tan tremendas que nos asustó.*

4.   Señalar el enunciado en que la forma *se* adquiere valor ético o de interés.

   a)   *Mis amigos se enfadan por cualquier cosa.*
   b)   *Algunos alumnos se temen lo peor.*
   c)   *Las ranas se miraban en el agua del estanque.*
   d)   *Se decían unos a otros cosas muy duras.*

5.   ¿En qué proposición funciona el pronombre relativo como sujeto?

   a)   *Ésa es la sala en que se firmó el acuerdo.*
   b)   *El vestido que te pusiste ayer te quedaba muy bien.*
   c)   *Ése es el coche que me gusta.*
   d)   *La leche que bebíamos antes era mejor.*

6.   Señalar la proposición sustantiva que funciona como complemento del nombre:

   a)   *Todos nos conformamos con que quedéis finalistas.*
   b)   *Todos los padres tienen deseos de que sus hijos sean más que ellos.*
   c)   *Que vengáis a pedirnos ayuda es prueba de vuestra amistad.*
   d)   *Me preocuparé de que tengáis todo lo necesario.*

7.   ¿En qué enunciado oracional se da *leísmo?*

   a)   *A tu amigo le dimos un gran susto.*
   b)   *No le digas nada a tu madre.*

    c)   *No les gusta que perdáis.*

    d)   *No le vi a usted ayer por aquí.*

8.   Indicar qué forma pronominal aparece expresada de forma incorrecta:

    a)   *Acérquensen todos ustedes.*

    b)   *Se cayeron todos al suelo.*

    c)   *Prepárese este tema de nuevo.*

    d)   *Diciéndoselo a él, pronto lo saben los demás.*

9.   Señalar el caso de *loísmo* que aparece:

    a)   *No los veo por ninguna parte.*

    b)   *El sargento los ordenó quedarse en el cuartel.*

    c)   *A mis mejores amigos los han expulsado del colegio.*

    d)   *Explícame el problema porque no me lo sé.*

10.   Señalar el caso de *laísmo* que aparece:

    a)   *Las uñas se las cortaba con tijeras.*

    b)   *No la dije nada cuando nos vinimos.*

    c)   *La vimos con tu novio.*

    d)   *Todos la miraban con curiosidad.*

11.   ¿En qué proposición tiene el nexo *que* valor causal?

    a)   *Bebió tanto que se emborrachó.*

    b)   *No vengas, que no iré.*

    c)   *Es tan tonto que se equivoca siempre.*

    d)   *No se alegró por ello, que lloró con amargura.*

12.   Señalar en qué enunciado oracional adquiere la forma *se* valor de pronombre personal:

    a)   *Se las veía preocupadas.*

    b)   *Los apuntes se los enviaremos por correo.*

    c)   *No se lo digáis.*

    d)   *Se le preparó para ello.*

13. ¿En qué enunciado adquiere el nexo *como* valor causal?

    a) *Lo hace como le dijeron.*
    b) *Como no lo sabe lo hace mal.*
    c) *Como no comas te pondrás peor.*
    d) *Tiene tantas deudas como canas.*

14. Señalar en qué enunciado aparece expresado el gerundio de forma incorrecta:

    a) *Subiendo las escaleras me canso.*
    b) *Diciéndolo tú, todos contentos.*
    c) *Tuvo un accidente ingresando después en el hospital.*
    d) *Haciéndolo así no triunfarás.*

15. ¿Cuál de las oraciones que siguen es impersonal?

    a) *Ya se conocen esas noticias.*
    b) *Hoy tienen mejor aspecto los enfermos.*
    c) *En este mundo hay todavía muchos niños hambrientos.*
    d) *Se enviaron medicinas a la zona de los combates de guerra.*

16. Indicar en qué enunciado aparece expresada de forma incorrecta la preposición *de:*

    a) *Me avergüenzo de todo lo que hice.*
    b) *Avisó a la policía de sus fechorías.*
    c) *Los profesores están preocupados de todo lo que se ha dicho.*
    d) *Pensaron de que era mejor no volverlo a hacer.*

17. Señalar en qué oración aparece un error de concordancia:

    a) *Se encontraron en aquel aula.*
    b) *Se puede decir un alma o un ánima.*
    c) *De esta agua yo no beberé.*
    d) *Cortó el árbol con un hacha nueva.*

18. ¿En qué oración aparece expresada incorrectamente la forma
     pronominal?

     a) *Juan se lo reservó para sí.*
     b) *Tu hermano encontró a María y se fue consigo.*
     c) *Me puse tan contento que no cabía en sí mismo.*
     d) *Entre tú y yo haremos el trabajo.*

19. Señalar en qué enunciado adquiere el nexo *porque* valor final:

     a) *Se enfadó porque no le avisé.*
     b) *Porque no te enfades te dejaré jugar.*
     c) *Se esconde porque no le gusta el sol.*
     d) *Porque no lo sabe, no lo hace.*

20. Indicar en qué enunciado aparece un caso de *leísmo* permitido:

     a) *Le dije a la directora todo lo que sabía.*
     b) *Ese mueble le compramos ayer.*
     c) *A tu hermano no le he visto en todo el día.*
     d) *No le digas nada todavía a Juan.*

CAPÍTULO 7

SOLUCIONARIO

Cap 2. SOLUCIONARIO

2.1.

a)

1. *Mi madre.*
2. *Flores.*
3. *Tu hermano.*
4. *Todos los jugadores.*
5. *Nosotros.*
6. *Mi hermana.*
7. *Sus cuchicheos.*
8. *El profesor.*
9. *Las fresas con nata.*

b)

1. *Nos entregarán mañana el paquete.*
2. *Hoy estaremos contigo en el hospital.*
3. *Hay papeles tirados en el suelo.*
4. *Están en ese cajón.*
5. *Te llevaremos al cine.*
6. *Me preocupa.*
7. *Permaneció quince días en el hospital.*
8. *Me agrada.*
9. *En la casa de mi pueblo hay algunas goteras.*
10. *Conocen los resultados del examen.*

2.2.

     a)

       1.   *Todos tienen deseos de su triunfo.*
       2.   *Las personas "pacifistas" son dignas de nuestro aplauso.*
       3.   *Vuestra llegada ha sido mi mayor consuelo.*
       4.   *Con la riqueza la gente se olvida de todo.*
       5.   *Los novelistas procuran vender ilusión, esperanza y fantasía.*
       6.   *Este balón es de aquellos alumnos.*

     b)

       1.   *Todos se preocupan del problema que tú tienes.*
       2.   *Mañana veremos al amigo que te has echado.*
       3.   *Los alumnos que hayan aprobado no tendrán clase mañana.*
       4.   *Me han robado el regalo que me regalaron el día de mi cumpleaños.*
       5.   *Llegaron tres personas después de que ocurrió el accidente.*
       6.   *Cuando uno está en la miseria, se es menos exigente.*

     c)

       1.   *El paro parece recuperarse en España aunque la economía ha bajado este mes.*
       2.   *Aunque ha hecho frío hoy no han encendido la calefacción de la oficina.*
       3.   *El abogado tenía la prueba de que el estudiante que defendía era inocente.*
       4.   *Avisaron rápidamente a los bomberos para que apagaran un incendio que había sido provocado.*
       5.   *Cuando llegaron los atletas que habían ganado las carreras la mesa estaba preparada y la comida ya estaba a punto.*

2.3.

     a)

       1.   *Todos*, pronombre/*tienen*, verbo/*buenas*, adjetivo/*intenciones*, sustantivo.
       2.   *Mis*, determinante/*hermanos*, sustantivo/*son*, verbo/*educados*, adjetivo.
       3.   *Tus*, determinante/*amigos*, sustantivo/*están*, verbo/*en*, preposición/*mi*, determinante/*casa*, sustantivo.

4. *Jugábamos*, verbo/*con*, preposición/*un*, determinante/*balón*, sustantivo/*de*, preposición/*reglamento, sustantivo.*

5. *Mis*, determinante/*suegros*, sustantivo/*me*, pronombre/*enviaron*, verbo/*ayer*, adverbio/un, determinante/*paquete*, sustantivo.

6. *En*, preposición/*esta*, determinante/*fábrica*, sustantivo/*trabaja*, verbo/*mi*, determinante/*novio*, sustantivo.

7. *En, preposición/este*, determinante/*pueblo*, sustantivo/*siempre*, adverbio/*hay*, verbo/*fiestas*, sustantivo.

b)

1. *Todos*, sujeto/*tienen*, verbo/*buenas intenciones*, c. directo.

2. *Mis hermanos*, sujeto/*son*, *verbo/educados*, atributo.

3. *Tus amigos*, sujeto/*están*, verbo/*en mi casa*, c. circunstancial.

4. *(Nosotros)*, sujeto/*jugábamos*, verbo/*con un balón de reglamento*, c. circunstancial/*de reglamento*, c. del nombre.

5. *Mis suegros*, sujeto/*me*, c. indirecto/*enviaron*, verbo/*ayer*, c. circunstancial (adverbio)/*un paquete*, c. directo.

6. *En esta fábrica*, c. circunstancial/*trabaja*, verbo/*mi novio*, sujeto.

7. *En este pueblo*, c. circunstancial/*siempre*, c. circunstancial (adverbio)/*hay*, verbo/*fiestas*, c. directo.

c)

1. *Las flores.*
2. *Los árboles.*
3. *Los pies.*
4. *Las notas.*
5. *La cabeza.*
6. *El vaso.*
7. *Tu comportamiento.*

2.4.

a)

1. *Las fresas, sujeto.*
2. *No tiene.*
3. *No tiene.*
4. *No tiene.*
5. *No tiene.*

   6.   *La oscuridad, sujeto.*
   7.   *No tiene.*
   8.   *Las buenas noticias, sujeto.*

b)

   1.   *Yo, omitido.*
   2.   *El vaso de leche, expreso.*
   3.   *Yo, omitido.*
   4.   *El retraso de tu hermano, expreso.*
   5.   *Las cosas mal hechas, expreso.*
   6.   *Nosotros, omitido.*
   7.   *Tú, omitido.*
   8.   *Vosotros, omitido.*

2.5.

   a)

   1.   *Nos interesaría la celebración de la reunión durante la semana próxima.*
   2.   *Se mandará toda la información a los solicitantes.*
   3.   *El premio será para los ganadores.*
   4.   *La función gustó mucho a todos los asistentes.*
   5.   *Me tienes que decir tu pensamiento.*
   6.   *Para esta tarea será necesario el esfuerzo de todos.*

   b)

   1.   *Rabioso.*
   2.   *Orate.*
   3.   *Guapísima.*
   4.   *Difícil.*
   5.   *Harto.*

   c)

   1.   *Carnívoros.*
   2.   *Fumadores.*
   3.   *Sádicas.*
   4.   *Herbívoro.*
   5.   *Envidiosos.*

d)

1. *Que tienen riquezas.*
2. *Que tienen miedo.*
3. *Que consiga la victoria.*
4. *Que no tienen heridas.*
5. *Que han sido elegidos.*

2.6.

a)

1. *Bocadillos.*
2. *Todos los apuntes.*
3. *Mi madre.*
4. *La cabeza.*
5. *Todos.*
6. *Los pies.*
7. *Eso.*
8. *Cosas fantásticas.*
9. *Ese tema.*

b)

1. *Esta clase-llevan concordancia de sustantivo colectivo.*
2. *La muchedumbre-huyeron/concordancia de sustantivo colectivo.*
3. *El resto-pueden/concordancia por el sentido.*
4. *Este tipo-castigan/concordancia de sustantivo colectivo.*
5. *Rebaño-pastaban/concordancia de sustantivo colectivo.*
6. *El Real Madrid-hemos ganado/plural asociativo.*
7. *El nombre y apellidos-debe/concordancia por el sentido = la identidad personal.*
8. *El nombre con sus apellidos-deben/concordancia por el sentido = esas palabras..*

2.7.

a)

1. *Sin dinero/de baja consideración.*
2. *Coche estrenado/otro coche distinto.*
3. *Los que no tienen miedo/todos los soldados.*
4. *Libro importante/voluminoso.*
5. *Adinerados/simpáticos.*
6. *Desagradable/sin interés.*

b)

1. *Dije toda la verdad a mis hermanos.*
2. *Vimos a tu novio ayer en el fútbol.*
3. *Deseo a mis hijos todo lo mejor.*
4. *Ayer robaron en la calle el bolso a mi madre.*
5. *Dejé el jersey rojo en el armario.*
6. *Aquí no se regala nada a nadie.*

2.8. Ejercicios de recapitulación y de autoevaluación
1, b; 2, b; 3, c; 4, a; 5, a; 6, b; 7, d; 8, a; 9, b; 10, d; 11, c; 12, d; 13, c; 14, b; 15, b; 16, d; 17, a; 18, b; 19, c; 20, b.

Cap. 3. SOLUCIONARIO

3.2.

a)

1. *A los padres les preocupan las actuaciones de sus hijos.*
   c.i.   c.i.   v.   sujet.   c.n.
2. *En la ciudad de Tordesillas se firmaron muchos tratados de*
   c.c.   c.n.   p.r.v.   suj.
   gran significación histórica.
   c.n.
3. *Debes explicarme tú, Juan, la solución del problema.*
   v.   c.i.   suj. voc.   c.d.   c.n.
4. *Delibes, escritor contemporáneo, es vallisoletano.*
   sujet.   aposición   v.   atrib.
5. *El gordo de la lotería de este año ha caído en un pueblecito*
   sujet. c.n.   c.n.   v   c.c.
   de Alicante.
   c.n.

3.3.

a)

1. *Todos los alumnos.*
2. *Butragueño.*
3. *Los pasteles.*
4. *Flores.*
5. *El cuadro de mi habitación.*
6. *Las muelas.*

7. *El ruido de mi máquina de escribir.*
8. *Todos.*
9. *Eso.*

3.3.1.

a) No pueden ser sujeto porque no guardan relación de concordancia con el verbo.

b) Se comprueba que los sujetos son:
1. *Mi hermano.*
2. *Las guerras.*
3. *El ojo.*
4. *Tu éxito.*
5. *Los enemigos.*
6. *Tu bienestar.*

3.3.2.

a)
1. *Los vecinos/los vecinos.*
2. *Los camareros/los bocadillos.*
3. *Al padre/las notas de sus hijos.*
4. *La gente/anuncios.*
5. *Los lectores/no tiene, impersonal.*
6. *A todos/su destino.*
7. *Todos/todos.*

b)
1. *Complejo.*
2. *Múltiple.*
3. *Simple.*
4. *Múltiple.*
5. *Simple.*
6. *Complejo.*

3.4.

a)
1. *Mi hija pequeña.*
2. *Jugador de fútbol.*
3. *El mejor equipo de España.*

4. *Muy listo.*
5. *Así.*
6. *El futuro del país.*
7. *Nerviosos.*

b)

1. *Portugueses.*
2. *Blanca.*
3. *Distraídos.*
4. *Plastificados y metálicos.*

3.5.
  a)

1. *C. directo.*
2. *C. directo.*
3. *Sujeto.*
4. *Sujeto.*
5. *Sujeto.*
6. *C. directo.*
7. *C. directo.*
8. *C. directo.*

b) Ejercicio libre:
1. *El otro día trajeron <u>un gato</u> al instituto.*
2. *Ese bolígrafo mancha de tinta <u>los apuntes</u>.*
3. *El lunes haremos <u>los deberes</u> en el piso de tu novia.*
4. *Arregla ahora mismo <u>la mesa de tu hermano</u>.*
5. *Nuestros amigos compraron en El Corte Inglés <u>un abrigo</u> para su hijo.*
6. *Delibes ha escrito últimamente <u>pocas novelas</u>.*
7. *Juan pidió <u>permiso</u> al director del centro.*

3.5.1.
  a)

3. *A mi hermano.*
5. *A nadie.*
10. *A mí.*

b)

6. *Al paquete/c.d. de cosa.*

7. *A los cuadros/c.d. de cosa.*

3.5.2.

a)

1. *No las hemos ententido.*
2. *La vimos en el supermercado.*
3. *Ayer el Real Madrid la ganó.*
4. *En mi pueblo lo han construido.*
5. *Mañana (se) los daremos a los galardonados.*

b)

1. *Sí.*
2. *No.*
3. *No.*
4. *Sí.*
5. *No.*
6. *Sí.*

3.5.2.1.

a)

1. *Le vi*, leísmo correcto.
3. *Le compramos*, leísmo incorrecto.
4. *Les vimos*, leísmo incorrecto.
5. *Les vimos*, leísmo incorrecto.
6. *Dámele*, leísmo incorrecto.
7. *Le encontramos*, leísmo correcto.

3.5.2.2.

a)

2. *Las digas*, laísmo.
4. *Las compraremos*, laísmo.
5. *Dila*, laísmo.
6. *La pagaré*, laísmo.

3.5.2.3

a)

1. *Lo dimos*, loísmo.
2. *Los digas*, loísmo.
3. *Lo rompió*, loísmo.

4. *Los daremos,* loísmo.
5. *Comunícalos,* loísmo.

3.6.

a)

1. *A la señora.*
2. *Para su hermano.*
3. *A los niños.*
4. *Para su madre.*
5. *A papá.*
6. *A mi hermano.*

b)

1. *C. indirecto.*
2. *C. directo.*
3. *C. indirecto.*
4. *C. directo.*
5. *C. indirecto.*
6. *C. indirecto.*
7. *C. directo.*

c)

1. *C. indirecto.*
2. *C. directo.*
3. *C. directo.*
4. *C. directo.*
5. *C. indirecto.*
6. *C. directo.*
7. *C. directo.*

3.7.

a)

1. *Con frecuencia.*
2. *Con todos los dedos.*
3. *Con nosotros.*
4. *Todos los primeros viernes.*
5. *Siete mil doscientas veinticinco pesetas.*
6. *Con tus herramientas.*
7. *Todos los días.*

8. *En el mismo plato.*

b) Ejercio libre:
  — *Estaremos bajo tu vigilancia.*
  — *El jarro de vino lo tenía cabe si (anticuado, al lado de...).*
  — *Lucharé contra todos.*
  — *Vamos hacia el pueblo.*
  — *Iremos pronto para casa.*
  — *Hazlo según las instrucciones.*
  — *Lo hizo sin esfuerzo.*
  — *Debéis hacerlo, so pena de muerte (sólo uso literario y en frases hechas).*
  — *Está sobre la mesa.*

3.8.
  a)
    1. *C. del nombre.*
    2. *C. circunstancial.*
    3. *C. circunstancial.*
    4. *C. del nombre.*
    5. *C. del nombre.*
    6. *C. circunstancial.*
    7. *C. del nombre.*
    8. *C. circunstancial.*
    9. *C. del nombre.*
    10. *C. del nombre.*
    11. *C. del nombre.*

  b) Ejercicio libre:
    1. *Llevaba un vestido a cuadros muy bonito.*
    2. *La camisa de mi mujer es de seda.*
    3. *Hoy tomaremos té con limón.*
    4. *Le compraremos a tu hermano cuadernos para dibujo.*
    5. *No me gusta el café con azúcar.*
    6. *Mañana leeremos el evangelio según San Mateo.*

3.9.
  a)
    1. *Aposición.*

2. *C. del nombre.*
3. *Aposición.*
4. *Aposición.*
5. *C. del nombre.*
6. *Aposición.*
7. *Aposición.*

b)

1. *El director,* explicativa.
2. *Lobo,* especificativa.
3. *Abogado famoso,* explicativa.
4. *Renacimiento,* especificativa.
5. *Torozos,* especificativa.
6. *Federico,* especificativa.
7. *Deporte de ricos,* explicativa.

3.10.
a)

1. *Niños.*
2. *¡Madre mía!*
3. *Españoles.*
4. *Chicos.*
5. *Amigo mío.*
6. *Hermanos.*
7. *¡Santo Dios!*

3.11.1.
a)

1. *Suplemento.*
2. *Suplemento.*
3. *C. circunstancial.*
4. *Suplemento.*
5. *C. circunstancial.*
6. *C. circunstancial.*
7. *Suplemento.*
8. *Suplemento.*

b)

1. *Suplemento.*

2. *C. directo.*
3. *C. directo.*
4. *Suplemento.*
5. *C. directo.*
6. *Suplemento.*

3.11.2.

a)

1. *Por su hermano.*
2. *Por los escolares.*
3. *De todos.*
4. *Por todos los vecinos.*
5. *Por la gente.*
6. *Por la policía.*

b)

1. *C. circunstancial.*
2. *C. circunstancial.*
3. *C. circunstancial.*
4. *C. agente.*
5. *C. circunstancial.*
6. *C. circunstancial.*

3.11.3.

a)

1. *Tristes*, al c. directo.
2. *Aburrida*, al sujeto.
3. *Incrédulo*, al sujeto.
4. *Apenada*, al sujeto.
5. *Muy cansados*, al sujeto.
6. *Justa*, al c. directo.
7. *Tranquilos*, al sujeto.
8. *Rotos*, al c. directo.

b) Ejercicio libre:
1. *Contentos.*
2. *Arreglada.*
3. *Felices.*
4. *Apenado.*

5. *Dama de honor.*
6. *Tranquila.*
7. *Muy delgado.*

3.11.4.
  a)

1. *Los hijos del vecino de tu hermana.*
2. *El balón de fútbol de color.*
3. *Mantequilla de Soria.*
4. *Resultados de las elecciones.*
5. *Hija de mi alma.*
6. *Los hijos de los padres deportistas.*
7. *El día de la fecha.*

3.11.5.
  a)

1. *C. circunstancial.*
2. *C. circunstancial.*
3. *C. circunstancial.*
4. *C. circunstancial.*
5. *C. del nombre.*
6. *Suplemento.*
7. *C. indirecto.*
8. *Suplemento.*
9. *C. agente.*
10. *Suplemento.*
11. *Suplemento.*
12. *C. circunstancial.*

3. 12. Ejercicios de autoevaluación y de recapitulación

1, a; 2, d; 3, c; 4, d; 5, a; 6, b; 7, b; 8, c; 9, b; 10, c; 11, c; 12, d; 13, c; 14, c; 15, b; 16, b; 17, b; 18, a; 19, a; 20, c.

Cap. 4. SOLUCIONARIO

4.1.
  a)

1. *Interrogativa.*

2. *Desiderativa.*
3. *Desiderativa.*
4. *Dubitativa.*
5. *Desiderativa.*
6. *Dubitativa.*
7. *Interrogativa-imperativa.*
8. *Enunciativa afirmativa.*
9. *Imperativa.*
10. *Exclamativa.*
11. *Enunciativa.*
12. *Imperativa.*

4.1.1.

a)

1. *Negativa.*
2. *Negativa.*
3. *Afirmativa formal.*
4. *Negativa.*
5. *Negativa.*
6. *Afirmativa.*

b) Ejercicio libre:
1. *Ha venido alguien hasta ayer.*
2. *Este libro que me has dejado vale algo.*
3. *¿Te has levantado ya?*
4. *Hemos podido pegar ojo durante toda la noche.*
5. *Mi madre ha dicho que venga a las ocho en punto.*
6. *Sobra absolutamente.*

4.1.2.

a)

1. *No.*
2. *Sí.*
3. *No.*
4. *Sí.*
5. *No.*
6. *Sí.*

b)

1. *Indirecta parcial.*
2. *Directa parcial.*
3. *Directa parcial.*
4. *Indirecta parcial.*
5. *Directa total e indirecta parcial.*
6. *Indirecta total.*

c)

1. *¿Me vas a devolver el dinero prestado, hija?*
2. *Dime qué novelas policiacas tienes en casa.*
3. *¿Está tu novio en la foto?*
4. *Dime si celebras tu cumpleaños.*
5. *¿Sale este tren (de aquí), señor?*

4.1.3.

a)

1. *¡Qué buenos son los coches que tenéis!*
2. *¡Qué deterioradísima está esta casa!*
3. *¡Qué pésimamente juega al fútbol últimamente el Real Madrid!*
4. *¡Qué negativa es vuestra actitud!*
5. *¡Qué elegantísimo era el vestido que llevaba tu mamá!*

b) Ejercicio libre:
1. *¡Qué daño me has hecho!*
2. *¡Qué cosa más rara ha sucedido!*
3. *¡Cuánto te quiero, hijo!*
4. *¡Qué pase más bonito le ha dado al toro!*
5. *¡Qué asco me da la droga!*
6. *¡Qué fallo he tenido!*

4.1.4.

a) Ejercicio libre:
1. *Serían las diez cuando ocurrió el accidente. Deberían de ser las diez cuando ocurrió el accidente.*
2. *Quizá fueran diez los aprobados en el examen.*
   Serán unos diez los aprobados en el examen.
3. *Quizá fuera tu padre el que me lo contó.*
   Es posible que fuera tu padre el que me lo contó.

b)

1. *Dubitativa.*
2. *Enunciativa.*
3. *Dubitativa.*
4. *Dubitativa.*
5. *Dubitativa.*
6. *Enunciativa.*
7. *Enunciativa.*
8. *Dubitativa.*

4.1.5.

a)

2. *Sí.*
4. *Sí.*
5. *Sí.*
6. *Sí.*

b)

1. *No hagáis...*
2. *Id todos...*
3. *Cantaos...*
4. *Decid...*
5. *Venid aquí otra vez.*
6. *Poned...*

4.1.6.

a) Ejercicio libre:
1. *Ojalá seáis siempre felices, hijos míos.*
2. *Deseo que siempre seáis felices, hijos míos.*
3. *Me gustaría que fuerais siempre felices, hijos míos.*
4. *Dios quiera que seáis siempre felices, hijos míos.*

b)

1. *Dubitativa.*
2. *Enunciativa.*
3. *Desiderativa.*
4. *Imperativa.*
5. *Enunciativa negativa.*
6. *Desiderativa.*
7. *Interrogativa indirecta parcial.*

8. *Exclamativa.*
9. *Enunciativa negativa.*
10. *Desiderativa.*
11. *Exclamativa*

4.2.

a)

1. *Predicativa.*
2. *Predicativa.*
3. *Atributiva.*
4. *Atributiva.*
5. *Predicativa.*
6. *Atributiva.*
7. *Atributiva.*
8. *Predicativa.*
9. *Predicativa.*
10. *Atributiva.*
11. *Predicativa.*
12. *Atributiva.*

4.2.1.

a)

1. *No.*
2. *Sí.*
3. *Sí.*
4. *No.*
5. *Sí.*
6. *No.*
7. *No.*
8. *No.*
9. *No.*
10. *No.*
11. *Sí.*

b) Ejercicio libre:
1. *Los españoles se encuentran muy contentos.*
2. *Los jugadores del equipo catalán se hallan deprimidos.*
3. *Todos los estudiantes se mostraban respetuosos.*
4. *La fuente de mi pueblo permanece seca.*

5. *Los niños se encontrarán contentos con vosotros.*
6. *Los soldados del ejército español viven satisfechos.*
7. *Hoy el día se encuentra despejado.*

c)

1. *Atributivo.*
2. *Predicativo.*
3. *Atributivo.*
4. *Predicativo.*
5. *Atributivo*
6. *Predicativo.*
7. *Predicativo.*
8. *Predicativo.*

4.2.1.1.
a)

1. *Está oscura temporalmente/es oscura, siempre.*
2. *Está blanca, nadie la ha pisado/es blanca, por naturaleza.*
3. *Está nervioso accidentalmente/es muy nervioso, siempre.*
4. *Está exquisita, en ese momento sabe muy bien/es exquisita, de buena calidad.*
5. *Está interesante, en ese momento/es interesante, se tratan temas interesantes.*
6. *Está clara, después de hacerla/es clara, es fácil.*
7. *Está amargo, le hemos echado poca azúcar/es amargo, por naturaleza.*
8. *Está muy sucio, en ese momento/es muy sucio, como hábito.*
9. *Está muy guapa, en ese momento/es guapa, siempre.*
10. *Están blancos, en ese momento han perdido el color/son blancos, de raza.*

b) Ejercicio libre:
1. *Juan es cirujano/Juan está mosca.*
2. *Tu novio es futbolista/tu novio está trompa.*
3. *Este alumno es el cocinero del hotel/este alumno está pez.*
4. *Esta señora es la dueña de todos los almacenes del pueblo/esta señora está bomba.*

4.2.2.

    a)

      1. *Completa.*
      2. *Incompleta.*
      3. *Incompleta*
      4. *Incompleta.*
      5. *Incompleta.*
      6. *Incompleta.*
      7. *Incompleta.*
      8. *Completa.*
      9. *Incompleta.*

    b)

      1. *Juan y Antonio pintaron un cuadro a su madre/Juan y Antonio pintaron en la pared de la iglesia del pueblo.*
      2. *Mi vecino trabaja la madera/mi vecino trabaja en una fábrica de cervezas.*
      3. *La profesora hablaba cinco idiomas/la profesora hablaba con los alumnos favoritos.*
      4. *El delincuente disparó cinco balas/el delincuente disparó contra todos los presentes.*

4.2.2.1.

    a)

      1. *No.*
      2. *No.*
      3. *Sí.*
      4. *No.*
      5. *Sí.*
      6. *No.*
      7. *Sí.*
      8. *No.*

4.2.2.1.1.

    a)

      1. *Ese señor edificaba en mi barrio.*
      2. *Mi hermana trabajaba con Mara.*
      3. *Tus amigos se quejaban de todos.*
      4. *Su madre tejía por la noche.*

5. *La profesora gesticulaba con la mano.*
6. *Ayer mi mujer tosía.*

b)

1. *Sí, nada.*
2. *No*
3. *Sí, error.*
4. *Sí, una muela.*
5. *No.*
6. *Sí, la noticia de su llegada.*
7. *Sí, migas.*
8. *No.*

4.2.2.1.2.
a)

1. *Intransitiva.*
2. *Transitiva.*
3. *Intransitiva.*
4. *Transitiva.*
5. *Transitiva.*
6. *Intransitiva.*

b)

1. *Intranstiva.*
2. *Transitiva.*
3. *Transitiva.*
4. *Intransitiva.*
5. *Transitiva.*
6. *Intransitiva.*
7. *Transitiva.*
8. *Transitiva.*
9. *Transitiva.*
10. *Intransitiva.*

4.2.2.1.3.
a)

1. *Reflexiva gramatical.*
2. *Reflexiva formal.*
3. *Reflexiva formal.*

4. *Reflexiva gramatical.*
5. *Reflexiva gramatical.*
6. *Reflexiva formal.*
7. *Reflexiva formal.*
8. *Reflexiva gramatical.*
9. *Reflexiva formal.*

b)

1. *Indirecta.*
2. *Indirecta.*
3. *Directa.*
4. *Directa.*
5. *Indirecta.*
6. *Directa.*
7. *Indirecta.*
8. *Indirecta.*

4.2.2.1.4.
a)

1. *No.*
2. *Sí.*
3. *Sí.*
4. *Sí.*
5. *No.*
6. *No.*
7. *Sí.*
8. *No.*

b)

1. *Indirecta.*
2. *Directa.*
3. *Directa.*
4. *Indirecta.*
5. *Directa.*
6. *Directa.*
7. *Indirecta.*
8. *Directa.*

4.2.2.1.5.

a)

1. *Impersonal refleja.*
2. *Impersonal gramaticalizada.*
3. *Impersonal gramaticalizada.*
4. *Impersonal gramaticalizada.*
5. *Impersonal de fenómeno meteorológico.*
6. *Impersonal ocasional.*
7. *Impersonal ocasional.*
8. *Impersonal gramaticalizada.*
9. *Impersonal gramaticalizada.*
10. *Impersonal refleja.*
11. *Impersonal refleja.*
12. *Impersonal gramaticalizada.*

b)

1. *No.*
2. *No.*
3. *Sí.*
4. *Sí.*
5. *Sí.*
6. *Sí.*
7. *Sí.*
8. *Sí.*

4.2.2.2.

a)

1. *Un valor particular es proporcionado por los bordados al vestido.*
2. *El camionero fue multado por el agente.*
3. *Los recursos han sido agotados por las empresas.*
4. *El taxista fue atacado por unos desconocidos.*
5. *El garaje es muy bien vigilado por el guarda de mi finca.*
6. *La máquina de escribir ha sido estropeada por mis hijos.*
7. *La Copa de Europa ha sido ganada por el Real Madrid.*
8. *El simposio fue clausurado hace unos días.*

b)

1. *La policía me entregó la documentación.*

2. *El público devolvió el balón al terreno de juego.*
3. *Unos atracadores han asaltado el banco de mi calle.*
4. *El Rey recibio al Presidente.*
5. *El Real Madrid goleó al equipo de mi tierra.*
6. *Los manifestantes desviaron el coche por un camino.*

4.2.2.2.1.
a)

1. *Por su hermano.*
2. *De todos.*
3. *Por todos los vecinos.*
4. *Por la gente.*
5. *Por el ordenador.*
6. *Por unos policías.*

b)

1. *Por la liga antisida.*
2. *Por el periódico del domingo.*
3. *No hay.*
4. *Por el mismísimo hijo de la víctima.*
5. *No hay.*
6. *No hay.*

4.2.2.2.2.
a)

1. *Se clausuró hace unos días el cursillo.*
2. *Se desvió por un camino el pelotón de los ciclistas.*
3. *Se me entregó la documentación en su despacho.*
4. *Se cerrará la biblioteca el próximo verano.*
5. *Se recibió con muestras de agrado la noticia.*
6. *Se han cerrado las puertas de Europa a los emigrantes africanos.*
7. *A bajo precio se vendieron aquellos pisos.*
8. *Se han alquilado ya las últimas viviendas.*
9. *Se cerró aquella marisquería por orden judicial.*

b)

1. *Sí.*
2. *No.*

3. *Sí.*
4. *No.*
5. *Sí.*
6. *No.*
7. *No.*
8. *No.*
9. *Sí.*

4.3.

1, b; 2, b; 3, d; 4, b; 5, b; 6, b; 7, b; 8, b; 9, a; 10, d; 11, d; 12, b; 13, b; 14, c; 15, d; 16, d; 17, b; 18, c; 19, c; 20, d.

Cap. 5. SOLUCIONARIO

5.1.

a)

1. *Me preocupa mucho el retraso de tu amigo.*
2. *Mañana te regalaré esa chaqueta de mi madre.*
3. *No vayas hoy allí hasta las once.*
4. *Todos esperábamos el éxito de nuestro amigo.*
5. *Los buenos jugadores pueden salir ahora de clase.*
6. *Los padres trabajan muchas veces para una mejor vida para los hijos.*
7. *Todos querían los artículos rebajados.*

b)

1. *Simple.*
2. *Compuesta.*
3. *Compuesta.*
4. *Simple.*
5. *Simple.*
6. *Simple.*
7. *Simple.*
8. *Compuesta.*
9. *Compuesta.*
10. *Simple.*

5.2.

a)　Ejercicio libre:

1.　*Me han regalado el reloj y no funciona.*
2.　*Le han prohibido el tabaco, pero sigue fumando.*
3.　*Se lo dije y no me hizo caso.*
4.　*Sabía la respuesta, mas no lo dijo.*
5.　*Come mucho, pero no engorda.*
6.　*Tiene fiebre y no toma medicamentos.*
7.　*Ora haya milagro, ora lo haga el diablo.*

b)

1.　*Oración, proposición.*
2.　*Proposición, oración.*
3.　*Proposición, oración.*
4.　*Oración, oración.*
5.　*Oración, proposición.*
6.　*Oración, proposición.*
7.　*Oración, oración.*
8.　*Proposición, oración.*
9.　*Proposición, oración.*

5.3.

a)

1.　*Dime con quién has venido y te diré quién eres.*
2.　*Acércate y te veré mejor.*
3.　*Preguntó y nadie contestó.*
4.　*Se lo pedí y no me lo dio.*
5.　*Muévete y no saldrás en la foto.*
6.　*Ha llamado y le perdonaré.*
7.　*Ha pagado la deuda y le voy a perdonar.*
8.　*Fuma y tiene una buena voz.*

b)　Ejercicio libre:

1.　*Hacía mucho calor y nos bañamos en la playa ese día.*
2.　*No me entero de las noticias estos días porque tengo la radio estropeada.*
3.　*Llegó agotado, pero estaba contento.*
4.　*Si aceptas este trabajo, cobrarás en esta fábrica un sueldo más elevado.*

5. *Como toses demasiado, deberías tomar un medicamento.*
6. *Unos bebían, otros cantaban y todos nos lo pasábamos bien.*
7. *Hay barro porque ha llovido hoy.*
8. *Llamó por teléfono, pero no me dijo nada de eso.*

5.4.

a) Ejercicio libre:
1. *Si vamos a esa tienda, veremos el nuevo disco de Héroes del Silencio.*
2. *Me duele tanto la cabeza que no me apetece salir.*
3. *Este aparato no suena bien, por tanto, debe de estar estropeado.*
4. *Acércate aquí para que veas algo curioso.*
5. *Todos deseaban descansar porque la tarde había sido agotadora.*
6. *Como no sabía nada, lo suspendieron.*
7. *Si me escribes, contestaré enseguida.*
8. *No trabaja, sino que estudia.*
9. *Hazme caso y te irá bien.*

b)
1. *De subordinación: causal.*
2. *De coordinación: copulativa; de subordinación: consecutiva.*
3. *De coordinación: copulativa, adversativa.*
4. *De coordinación: copulativa; de subordinación: consecutiva.*
5. *De coordinación: adversativa.*
6. *De subordinación: causal.*

5.5.

a)
1. *Distributiva, adversativa.*
2. *Adversativa.*
3. *Adversativa.*
4. *Adversativa.*
5. *Disyuntiva, adversativa.*
6. *Distributiva.*
7. *Disyuntiva.*

b)

1. *Pero.*
2. *Aunque.*
3. *Sino.*
4. *Sino.*
5. *Pero.*
6. *Aunque.*
7. *Pero.*
8. *Que.*
9. *Pero.*
10. *E.*
11. *O.*

5.5.1.

a)

1. *Ni acepté el trabajo ni lo hice en casa.*
2. *Ni canta ni baila bien.*
3. *Ni habla poco ni habla a destiempo.*
4. *Ni quiero ni puedo hacerlo.*
5. *Ni pienses la situación ni decidas.*
6. *Ni se casaron ni vivieron felices.*

b) Ejercicio libre:

1. *Juan vino e hizo el ejercicio.*
2. *Todos venían e iban contentos.*
3. *Juan trajo los pasteles e Isabel hizo la tarta.*
4. *Gastaron la mitad de la paga e ingresaron el resto en el banco.*
5. *Rompieron el porrón e intencionadamente lo ocultaron.*
6. *María rompió el televisor e Ignacio lo arregló.*
7. *Ya se lo había pedido e insistí varias vece más.*
8. *Los aficionados obstaculizaban e impedían la llegada de los jugadores.*
9. *Haz mal e infierno tendrás.*
10. *Buscaba e investigaba, pero nada encontraba.*

5.5.2.

a) Ejercicio libre:

1. *Trabaja, a pesar de que no le rinde.*

2. *No es buen futbolista, aunque lo parece.*
3. *No lo ha hecho bien, pese a que lo ha intentado.*
4. *Es un perezoso, sin embargo, trabaja.*
5. *He hecho los ejercicios, aunque no el que tenía preguntas.*
6. *Lo sé, mas no me importa.*
7. *Ese plateamiento es incompleto, hijo, no obstante, puede servirnos.*

b)

1. *Restrictiva.*
2. *Exclusiva.*
3. *Restrictiva.*
4. *Restrictiva.*
5. *Exclusiva.*
6. *Restrictiva.*

c)

1. *Concesivo.*
2. *Concesivo.*
3. *Adversativo.*
4. *Concesivo.*
5. *Adversativo.*
6. *Concesiva.*
7. *Concesivo.*
8. *Adversativo.*
9. *Adversativo.*
10. *Concesivo.*
11. *Adversativo.*
12. *Concesivo.*

d)

1. *Mas.*
2. *Más.*
3. *Más.*
4. *Mas.*
5. *Más, mas.*
6. *Más.*
7. *Mas.*
8. *Más, mas.*

5.5.3.

   a)

      1.   *Equivalencia.*
      2.   *Disyuntivo.*
      3.   *Equivalencia.*
      4.   *Disyuntivo.*
      5.   *Disyuntivo.*
      6.   *Equivalencia.*
      7.   *Disyuntivo.*

   b)

      1.   *Adversativa.*
      2.   *Copulativa.*
      3.   *Adversativa.*
      4.   *Distributiva, explicativa.*
      5.   *Disyuntiva.*
      6.   *Adversativa.*
      7.   *Disyuntiva.*
      8.   *Copulativa.*

5.5.4.

   a) Ejercicio libre:
      1.   *Unos dicen que sí, pero otros dicen que no.*
      2.   *Unas veces me quiere, y otras, me odia.*
      3.   *Ni llueve ni luce el sol.*
      4.   *Ni éstos lo hacen bien, ni aquéllos lo hacen mal.*
      5.   *Lejos no vemos nada, aunque cerca molesta la luz.*

   b)

      1.   *Antes...ahora.*
      2.   *Éste...aquél.*
      3.   *Ya...ya.*
      4.   *Que..., que...que..*
      5.   *Tan pronto...tan pronto.*
      6.   *Un día...otro.*
      7.   *Allí...aquí.*

5.6.

a)

1. *Subordinada.*
2. *Inordinada.*
3. *Inordinada.*
4. *Subordinada.*
5. *Subordinada.*
6. *Inordinada.*
7. *Inordinada.*
8. *Subordinada.*
9. *Subordinada.*

b)

1. *Inordinada.*
2. *Inordinada.*
3. *Subordinada.*
4. *Subordinada.*
5. *Subordinada.*
6. *Inordinada.*
7. *Inordinada.*
8. *Subordinada.*
9. *Inordinada.*
10. *Inordinada.*
11. *Subordinada.*

5.7.

a) Ejercicio libre:
1. *Mis hijos tienen necesidad de que se los quiera.*
2. *Mi vecino es experto en hacer trabajos de informática.*
3. *No hay señales de que haya llovido.*
4. *Siempre has sido la causa de que yo sufra.*
5. *No hay que tener envidia de que triunfen los demás.*
6. *Tú eres testigo de que nosotros hacemos esto.*
7. *A veces no somos conscientes de que cometemos errores.*
8. *Mi hemano está harto de que le vigilen mis padres.*
9. *Mis amigos tienen deseos de que yo triunfe.*

b)

1. *Sujeto.*

2. *C. del nombre.*
3. *Sujeto.*
4. *C. nombre.*
5. *C. circunstancial.*
6. *Atributo.*
7. *Sujeto.*
8. *Sujeto.*
9. *C. directo.*
10. *C. circunstancial.*

c)

1. *C. directo.*
2. *C. directo.*
3. *Sujeto.*
4. *C. directo.*
5. *C. directo.*
6. *C. directo.*
7. *C. directo.*
8. *Sujeto.*
9. *Sujeto.*
10. *Sujeto.*
11. *C. directo.*

d)

1. *Sujeto, atributo.*
2. *C. del nombre.*
3. *Sujeto.*
4. *Sujeto.*
5. *C. del nombre.*
6. *C. del nombre.*
7. *C. del nombre.*
8. *Sujeto.*
9. *C. del nombre.*
10. *Atributo.*
11. *Sujeto.*

e) Ejercicio libre:
1. *Mi madre pensó: Este verano recobraré la salud.*
2. *Grandes carteles anuncian: Prohibida la venta ambulante.*

3. *Esta herida tiene muy mal aspecto, dijo el médico.*
4. *Yo mismo lo haré, nos prometió mi primo.*
5. *Recuerdo cuando me decías: Sólo puedo quererte a ti.*

5.8.

a)

1. *Adjetiva.*
2. *Adjetiva.*
3. *Adjetiva/adjetiva sustantivada, atributo.*
4. *Sustantiva, c. directo.*
5. *Sustantiva, c. del nombre.*
6. *Adjetiva.*
7. *Sustantiva, sujeto.*
8. *Sustantiva, c. del nombre.*
9. *Adjetiva sustantivada, c. directo.*
10. *Sustantiva, c. del nombre.*
11. *Adjetiva.*

b)

1. *Sustantivada, sujeto.*
2. *Adjetiva especificativa.*
3. *Sustantivada, c. indirecto.*
4. *Sustantivada, sujeto.*
5. *Sustantivada, c. agente.*
6. *Adjetiva, explicativa.*
7. *Adjetiva, explicativa.*
8. *Adjetiva, especificativa.*
9. *Sustantivada, c. circunstancial.*
10. *Sustantiva, c. del nombre.*
11. *Adjetiva, especificativa.*
12. *Sustantivada, sujeto.*

5.9.

a) Ejercicio libre:
1. *Echó a correr rápidamente.*
2. *No trabaja allí.*
3. *Levántate al alba.*
4. *Haré el ejercicio así.*
5. *Iremos más lejos.*

6. *Debes acabar tus deberes pronto.*
7. *Camina por aquí.*

b)

1. *Concesiva.*
2. *Condicional.*
3. *Modal.*
4. *Consecutiva.*
5. *Final.*
6. *Consecutiva.*
7. *Condicional.*
8. *Comparativa.*
9. *Causal.*

5.9.1
a)

1. *Sustantiva.*
2. *De lugar.*
3. *Sustantiva.*
4. *De lugar.*
5. *De lugar.*
6. *De lugar.*
7. *Sustantiva.*
8. *Sustantiva.*
9. *De lugar.*

b)

1. *Origen.*
2. *Transcurso.*
3. *Dirección.*
4. *Origen.*
5. *Transcurso.*
6. *Situación.*
7. *Dirección.*

5.9.2.
a)

1. *Posterioridad.*
2. *Posterioridad.*

3. *Anterioridad.*
4. *Simultaneidad.*
5. *Posterioridad.*
6. *Posterioridad.*
7. *Posterioridad.*
8. *Anterioridad.*
9. *Simultaneidad.*

b) Ejercicio libre:
1. *Cuando llegaba a su pueblo, se puso a llorar.*
2. *Después de que se muriera el perro, se acabó la rabia.*
3. *Cuando cuenta chistes mi mujer es muy graciosa.*
4. *Cuando vaciaron el pantano procedieron a la identificación del cadáver.*
5. *Cuando subía por la escalera me caí.*
6. *Tan pronto como lleves a cabo tu plan, debes consultarlo conmigo.*
7. *Una vez que se arregló el asunto, hicieron las paces.*
8. *Cuando hago crucigramas me divierto.*
9. *Cuando salíamos del ascensor vimos al ladrón de la mancha en la frente.*

5.9.3.
a)
1. *Sustantiva.*
2. *Modal.*
3. *Temporal.*
4. *Sustantiva.*
5. *Modal.*
6. *Temporal.*
7. *Sustantiva.*
8. *Sustantiva.*
9. *Temporal.*

b) Ejercicio libre:
1. *Todo lo hace como su tío Juan.*
2. *Lo preparé según venía en las intrucciones.*
3. *Mi hermano montó el escenario como se decía en el escrito.*
4. *Lo hace como lo hacían los antepasados.*

5. *Tal y como yo opino, ya no lograréis el triunfo.*
6. *Los hijos suelen hacer las cosas como las han hecho sus padres.*

5.9.4.

a)

1. *Nadie trabaja tanto como mi hermano trabaja.*
2. *Vive tan despreocupado como viven todos sus familiares.*
3. *No hay mejor equipo que lo es el Real Madrid.*
4. *Tú haces las cosas mejor que las hago yo.*
5. *Las personas mayores son casi siempre menos espontáneas que lo son los jóvenes.*
6. *Tiene más virtudes que defectos posee.*
7. *Contestó tantas preguntas como ellos le formularon preguntas a él.*
8. *Mis hijos tienen más posibilidades de triunfo que tengo yo.*

b)

1. *Igualdad.*
2. *Superioridad.*
3. *Superioridad.*
4. *Superioridad.*
5. *Superioridad.*
6. *Superioridad.*
7. *Igualdad.*
8. *Igualdad.*

5.9.5.

a) Ejercicio libre:
1. *Todos tenemos tal preocupación que no estamos para bromas.*
   Todos hicieron tal esfuerzo que quedaron agotados.
2. *Eran tan guapos que llamaban la atención.*
   Estuvieron tan atentos que no se olvidaron de ningún detalle.
3. *Había allí tanto barullo que no oíamos.*
   Tenía tanto descaro que humilló hasta su sombra.
4. *Tanto subió que la caída fue tremenda.*
   Tanto chillaba que vino la policía.
5. *Acabó tan pronto que nadie lo esperaba.*
   Lo hizo tan bien que no pudieron criticarle.

b) Ejercicio libre:

1. *Me cuido tanto que me siento bien.*
2. *He estudiado tan poco que no aprobaré.*
3. *Estoy en el médico, así que no me esperéis.*
4. *Todo ha sido una broma, así que no te enfades.*
5. *Me dio tal alegría al verte, que rompí a llorar.*
6. *He estado tumbado tanto tiempo al sol, que me duele la cabeza.*

5.9.6.

a) Ejercicio libre:

1. *Porque hablas demasiado, no te hacen caso.*
2. *Deduje su fracaso porque oí cosas significativas.*
3. *Cayó enfermo porque no se cuidaba.*
4. *No es posible beber esta agua porque está muy sucia.*
5. *Porque nos hemos pasado de listos, nos han tomado el pelo.*
6. *Lo creo porque lo dices tú.*
7. *Vete a la cama porque te estás quedando dormido.*
8. *Crees que el mundo se va a colocar a tus pies porque te crees guapa.*

b)

1. *Causal.*
2. *Consecutiva.*
3. *Consecutiva.*
4. *Consecutiva.*
5. *Causal.*
6. *Consecutiva.*
7. *Causal.*
8. *Causal.*
9. *Causal.*
10. *Consecutiva.*
11. *Causal.*
12. *Consecutiva.*
13. *Causal.*
14. *Consecutiva.*

5.9.7.

a) Ejercicio libre:

2. *Puesto que has estudiado, aprobarás.*

3.   *Como hubieras estudiado, aprobarías.*
4.   *A condición de que estudies más, te aprobaré.*
5.   *Si estudiaras, aprobarías.*
6.   *Puesto que estudiarás, te aprobaré.*

b)

1.   *Modal.*
2.   *Condicional.*
3.   *Causal.*
4.   *Condicional.*
5.   *Causal.*
6.   *Modal.*
7.   *Comparativa.*
8.   *Causal.*
9.   *Condicional.*

5.9.8.

a)   Ejercicio libre:

1.   *Aunque se fuera, ha vuelto ya.*
2.   *A pesar de que lo copió en un papel, lo ha perdido.*
3.   *Cuando lo sabía, debería de habérselo guardado.*
4.   *Aun cuando lo hiciera bien, suspendió.*
5.   *Si bien modificadas algunas notas, me conformo con tus resultados académicos.*
6.   *Por más que lo hagas, siempre te saldrá mal.*
7.   *Así lo maten, no dirá ni una palabra contra su padre.*

b)   Ejercicio libre:

1.   *Aunque es tan listo, se ha dejado engañar*/concesiva.
2.   *Si sales por la otra puerta, no te verán*/condicional.
3.   *Después de que firmaran los papeles, se fueron los parientes*/temporal.
4.   *Cuando subo los montes, me canso*/temporal.

5. *Cuando comas, debes llamarle*/temporal.
6. *Si gritas tanto, no te curarás*/condicional.
7. *Porque no ha cogido el coche, no ha llegado a tiempo*/ causal.
8. *Si lo haces tú, todos contentos*/condicional.
9. *Cuando llegué a casa, me acordé de ti*/temporal.
10. *Si hubieras acertado la última pregunta, hubieras aproba-do*/condicional.

5.9.9.

a)

1. *Concesiva.*
2. *Condicional.*
3. *Causal.*
4. *Final.*
5. *Causal.*
6. *Temporal.*
7. *Consecutiva.*
8. *Modal.*
9. *De lugar.*
10. *Causal.*

b) Ejercicio libre:

1. *Vino para que le devolviéramos el ordenador.*
2. *Hace esto porque le vean.*
3. *Viene a que le escuchéis.*
4. *Ha hecho esto con el fin de que sea perdonado.*
5. *Vino a arreglar ese asunto tan difícil.*
6. *Te visitaré con la intención de que me devuelvas la visita.*
7. *Gritaré a fin de que me escuches.*

5.10. Ejercicios de autoevaluación y de recapitulación
1, d; 2, c; 3, b; 4, c; 5, b; 6, c; 7, c; 8, c; 9, c; 10, a; 11, c; 12, c; 13, d; 14, b; 15, a; 16, c; 17, d; 18, c; 19, b; 20, d.

Cap. 6. SOLUCIONARIO

6.1.

a) Ejercicio libre:
   1. *Lo vimos en la calle.*
   2. *Ayer encontramos el libro de él.*
   3. *Lo regalaremos a alguien.*
   4. *Todos están aprobados, dijo él.*
   5. *El mío se las corta con eso.*
   6. *Bailaré con ella si la mía quiere.*
   7. *Lo compró, las puso en él y se fue con ella.*

b)
   1. *Se*, anafórico/*la*, catafórico.
   2. *Yo*, anafórico/ *le*, catafórico.
   3. *Todos*, catafórico/*les*, anafórico.
   4. *Le*, catafórico.
   5. *La*, catafórico.
   6. *Lo*, anafórico.
   7. *La*, catafórico/*la*, anafórico/*tuya*, anafórico.

6.1.1.

a) Ejercicio libre:
   1. *Este regalo es para ti, aunque no lo merezcas.*
   2. *Nosotros estamos muy contentos porque nos han comprado un balón de reglamento.*
   3. *Os diré a todos lo que les hemos traído.*
   4. *Ese mueble lo compramos para ellos en aquella tienda.*
   5. *Pregúntale a él si las ha visto.*
   6. *A vosotros ya os hemos avisado.*
   7. *A mí no me diste permiso.*
   8. *A nosotros no nos puede encontrar.*

b) Ejercicio libre:
   1. *Todo lo que hay ahí será para mí.*
   2. *La niña encontró a su abuelo y se fue consigo.*
   3. *Estas palabras se volverán contra ti.*
   4. *Estuvieron hablando todo el tiempo de nosotros.*
   5. *Vente conmigo y te lo pasarás muy bien.*

6. *El niño pequeño se guardó todo para sí.*
7. *Colócate entre ellos.*

6.1.1.1.

a)

1. *Me se/se me...*
2. *Acérquesen/acérquense...*
3. *Yo y él /él y yo...*
4. *Con ti/contigo...*
5. *Siéntensen /siéntense...*
6. *No le digas.../no les digas.*
7. *Nosotros y vosotros/vosotros y nosotros...*

b)

1. *Los*, bien.
2. *Los*, mal: loísmo.
3. *Le*, leísmo permitido.
4. *Le*, mal: leísmo.
5. *Le*, mal: leísmo.
6. *La*, mal: laísmo.
7. *Le*, bien.
8. *Los*, mal: loísmo.

6.1.2.

a)

1. *Sujeto.*
2. *C. circunstancial.*
3. *Sujeto.*
4. *C. circunstancial.*
5. *C. directo.*
6. *Sujeto.*
7. *Sujeto/c. directo.*
8. *Sujeto.*
9. *C. indirecto.*
10. *C. circunstancial.*
11. *C. circunstancial.*
12. *Sujeto.*
13. *C. directo.*
14. *C. directo.*

15.   *C. del nombre.*
16.   *Sujeto.*
17.   *Sujeto.*
18.   *C. directo.*

6.1.3.
   a)
1.   *Morfema de pasiva refleja.*
2.   *Pronombre ético.*
3.   *Pronombre verbal.*
4.   *Morfema de pasiva refleja.*
5.   *Pronombre verbal.*
6.   *Pronombre recíproco.*
7.   *Pronombre recíproco.*
8.   *Morfema de impersonal refleja.*
9.   *Pronombre reflexivo.*
10.   *Pronombre personal.*
11.   *Pronombre verbal.*
12.   *Pronombre recíproco.*
13.   *Pronombre verbal.*
14.   *Morfema de pasiva refleja.*
15.   *Pronombre verbal.*
16.   *Morfema de impersonal refleja/morfema de impersonal refleja.*
17.   *Pronombre personal.*
18.   *Pronombre verbal.*
19.   *Pronombre verbal.*
20.   *Pronombre recíproco/pronombre recíproco.*

6.2.
   a)
1.   *Final.*
2.   *Sustantivo, c. directo.*
3.   *Consecutivo*
4.   *Consecutivo.*
5.   *Causal.*
6.   *Sustantivo, sujeto.*
7.   *Causal.*
8.   *Nexo de perífrasis de infinitivo.*
9.   *Pronombre relativo, sujeto.*

10. *Causal.*
11. *Comparativo.*
12. *Consecutivo.*
13. *Causal.*
14. *Causal.*
15. *Sustantivo, c. del nombre.*
16. *Consecutivo.*
17. *Adversativo.*
18. *Disyuntivo.*
19. *Consecutivo.*
20. *Consecutivo.*
21. *Causal.*
22. *Sustantivo, sujeto.*
23. *Comparativo.*
24. *Sustantivo, c. directo.*
25. *Nexo perífrasis/causal.*
26. *Pronombre interrogativo, c. directo.*
27. *Causal.*

6.3.

a)

1. **Se estaban/se estaba...*
2. **Nosotros/a nosotros...*
3. **Los alumnos parecen/parece que los alumnos...*
4. **Soltero/soltera...*
5. **Se atenderá/se atenderán.*
6. **Que salimos/con que salimos...*
7. **Darle/darles...*
8. **A quien/al que...*
9. **Le ocultaré/les ocultaré...*
10. **Se comentó/se comentaron...*
11. **Se dio/se dieron...*
12. **El por qué/por qué...*
13. **Vinistes/viniste.*
14. **Se detuvieron cinco personas/se detuvo a cinco personas...*
15. **Convencen/convence...*
16. **Se expulsaran/se expulsara...*
17. **Mientras/pero...*
18. **Que entraron/en la que entraron...*

19.   *En base a/por...

20.   *A grosso modo/grosso modo...

21.   *Contra/cuanto...

22.   *Entre/cuanta...

23.   *Va haber/va a haber...

24.   *Pienso de que/pienso que...

25.   *Estoy seguro que/estoy seguro de que...

26.   *Tengo miedo que no /tengo miedo de que no...

27.   *No hay duda que/no hay duda de que...

28.   *Encima la mesa/encima de la mesa...

29.   *Suavemente y delicadamente/suave y delicadamente.

30.   *Mejores pagados/mejor pagados...

31.   *Te satisfaciera/te satisficiera...

32.   *Suponiera/supusiera...

33.   *Preveyó/previó...

34.   *Me quedría/me querría.

35.   *Distraí/distraje...

36.   *Abole/deroga, suprime...

37.   *Llevárosla/lleváosla...

38.   *Oyes/oye..

39.   *No entrad/no entréis...

40.   *Estaros/estaos...

41.   *Conteniendo/que contenía...

42.   *Siendo/y fue...

43.   *Conteniendo/que contenía...

44.   *Aquel aula/aquella aula...

45.   *Mucho hambre/mucha hambre...

46.   *Sabiendo/que sepa...

47.   *Siendo/y fue...

48.   *Poniéndose/y se pusieron...

49.   *Si vendría/si viniera...

50.   *Habríamos sabido/hubiéramos sabido...

51.   *He ido/fui...

52.   *El que fuese/el que ha sido...

53.   *Hubieron/hubo...

54.   *Puedan haber/pueda haber...

55.   *Hacen /hace...

56.   *Lo ha cesado/lo ha destituido...

57.   *Lo quedes/lo dejes...

58. *Caer todo/tirar todo
59. *Confiemos en que salga
60. *Amenaza la suspensión/amenaza con la suspensión...
61. *Marcharos/marchaos...
62. *Sóla ecuación/sola ecuación.
63. *Haced solo/haced sólo....
64. *Ir a clase/id a clase...
65. *Váyansen/váyanse...
66. *Ves/ve..
67. *Como muy guapo/muy guapo...
68. *Más mayor/mayor...
69. *Más guapísimo/más guapo...
70. *Más mínimo/mínimo...
71. *Valientísimo y fuertísimo/valentísimo y fortísimo.
72. *Como el de/que el de...
73. *Más principales/principales.
74. *Más peor/peor...
75. *Mayor a la de/mayor que...
76. *Que íbamos/en que íbamos.
77. *El año que/el año en que...
78. *A quienes/a las cuales...
79. *Que apreté/con que apreté...
80. *Destornillábamos/desternillábamos...
81. *Le puse/lo puse...
82. *Contarla/contarle...
83. *Vistes/viste...
84. *Te se ocurre/se te ocurre...
85. *Le dijeron/les dijeron...
86. *La huelen/le huelen...
87. Quienes/las que...
88. *El por qué/el porqué...
89. *Que no había/en que no había...
90. *Que el protagonista/en que el protagonista...
91. *Calle que/calle de la que...
92. *Colegio que estudia/colegio en que estudia...
93. *Máquina que escribo/con que escribo...
94. *Aquel aula/aquella aula...
95. *Sendos goles/ambos goles...
96. *Catorceavo ministro/decimocuarto ministro...

97. *Onceava posición/undécima (décimoprimera, oncena) posi-
     ción...*
98. *La águila negra/el águila negra...*
99. *La acta/el acta...*
100. *Una alma/un alma...*
101. *Ingresando luego/e ingresó luego...*
102. *Este agua/esta agua...*
103. *Pensando de que/pensando que...*
104. *No los digas/no les digas...*

6.4.
  a)

1. *Causal.*
2. *Temporal.*
3. *De lugar.*
4. *Causal.*
5. *Concesiva.*
6. *Consecutiva.*
7. *Comparativa.*
8. *Condicional.*
9. *Concesiva.*
10. *De lugar.*
11. *Comparativa.*
12. *Condicional.*
13. *Condicional.*
14. *Causal.*
15. *Consecutiva.*
16. *Condicional.*
17. *Concesiva.*
18. *Concesiva.*
19. *Consecutiva.*
20. *Causal.*
21. *Concesiva.*
22. *De lugar.*
23. *Condicional.*
24. *Final.*
25. *Final.*
26. *Final.*
27. *Condicional.*

28. *Sustantiva, sujeto.*
29. *Final.*
30. *Modal.*
31. *Sustantiva, c. directo.*
32. *Causal.*
33. *Condicional.*

6.5.

1, c; 2, c; 3, c; 4, b; 5, c; 6, b; 7, d; 8, a; 9, b; 10, b; 11, b; 12, c;
13, b; 14, c; 15, c; 16, d; 17, a; 18, c; 19, b; 20, c.

BIBLIOGRAFÍA BÁSICA

ABAD, F., y GARCÍA BERRIO, A. (1981): *Introducción a la Lingüística,* Alhambra, Madrid.

ACADEMIA ESPAÑOLA. (1986): *Esbozo de una nueva gramática de la lengua española,* Espasa-Calpe, Madrid.

ALCINA, J., y BLECUA, J. M. (1975): *Gramática española,* Ariel, Barcelona.

ALARCOS LLORACH, E. (1970): *Estudios de gramática funcional del español,* Gredos, Madrid.

—— (1974): *Gramática estructural,* Gredos, Madrid.

ALONSO, A., y HENRÍQUEZ UREÑA, P. (1938): *Gramática Castellana,* Losada, Buenos Aires.

ALONSO, A. (1961): *Estudios lingüísticos. Temas Españoles,* Gredos, Madrid.

ÁLVAREZ MÉNDEZ, J. M. (1987): *Teoría lingüística y enseñanza de la lengua,* Akal, Madrid.

BELLO, A. (1981): *Gramática de la Lengua Castellana,* ed. crítica de Ramón Trujillo, ACT. Tenerife.

BENITO MOZAS, A. (1992): *Gramática práctica,* Edaf, Madrid.

BENNET, W. A. (1975): *Las lenguas y su enseñanza,* Cátedra, Madrid.

BOSQUE, I. (1976): *Estudios de Gramática Generativa,* Labor, Barcelona.

—— (1980): *Sobre la negación,* Cátedra, Madrid.

—— (1980): *Problemas de morfosintaxis,* Universidad Complutense, Madrid.

BRUCART, J. M. (1987): *La elisión sintáctica en español,* Universidad Autónoma de Barcelona.

CALERO VAQUERO, M. L. (1986): *Historia de la gramática española (1847-1920),* Gredos, Madrid.

CANO AGUILAR, R. (1981): *Estructuras transitivas en el español actual,* Gredos, Madrid.

CONTRERAS, H. (1978): *El orden de palabras en español,* Cátedra, Madrid.

COSERIU, E. (1962): *Teoría del lenguaje y lingüística general,* Gredos, Madrid.

CHOMSKY, N. (1974): *Estructuras Sintácticas,* Siglo XXI, México.

DUBOIS, J., et al. (1979): *Diccionario de Lingüística,* Alianza, Madrid.

FELDMAN, D. (1974): *Apuntes históricos sobre las frases de modo en español,* Player, Madrid.

GARCÍA BERRIO, A. (1970): *Bosquejo para una descripción de la frase compuesta en español,* Universidad de Murcia, Murcia.

GARCÍA SANTOS. (1993): *Sintaxis del español,* Universidad de Salamanca, Salamanca.

GUTIÉRREZ-ORDÓÑEZ, S. (1986): *Variación sobre la atribución,* Universidad de León, León.

HERNÁNDEZ, G. (1990): *Análisis gramatical,* Sgel, Madrid.

HERNÁNDEZ ALONSO, C. (1970): *Sintaxis española,* Valladolid.

—— (1986): *Gramática Funcional,* Gredos, Madrid.

LAPESA, R. (1968): *Historia de la lengua española,* Escelicier, Madrid.

LÁZARO CARRETER, F. (1971): *Diccionario de términos filológicos,* Gredos, Madrid.

—— (1972): *Estudios de Lingüística,* Crítica, Barcelona.

LUJÁN, M. (1980): *Sintaxis y semántica del adjetivo.* Cátedra, Madrid.

MALBERG, B. (1967): *Los nuevos caminos de la Lingüística,* Siglo XXI, Madrid.

MARCOS MARÍN, F. (1977): *El comentario lingüístico (Metodología y práctica),* Cátedra, Madrid.

—— (1978): *Estudios sobre el pronombre,* Gredos, Madrid.

—— (1980): *Curso de Gramática Española*, Cincel, Madrid.

—— (1986): *Aproximación a la Gramática Española*, Cincel, Madrid.

MARTÍNEZ, A.(1985): *Sintaxis General*, Gredos, Madrid.

MENÉNDEZ PIDAL, R. (1956): *Orígenes del Español*, Espasa-Calpe, Madrid.

MIRANDA PODADERA. (1991): *Ortografía práctica*, Hernando, Madrid.

MOLINA REDONDO. (1980): *Usos de SE*, Sgel, Madrid.

MOLINER, M. *Diccionario del uso del español*, 2 vols., Gredos, Madrid.

MORENO CABRERA, J. C. (1987): *Fundamentos de Sintaxis General*, Síntesis, Madrid.

NEBRIJA, E. A. (1495): *Gramática de la lengua castellana*, Ed. de A. Quilis, Madrid (1980).

RAMAJO CAMO (1987): *Los gramáticos de la lengua castellana desde Nebrija a Correas*, Universidad de Salamanca, Salamanca.

RODRÍGUEZ ADRADOS, F. (1975): *Estudios de semántica y sintaxis*, Planeta, Barcelona.

SALVADOR, G. (1967): *Semántica y Lexicología del español*, Paraninfo, Madrid.

SARMIENTO, R., y SÁNCHEZ, A. (1989): *Gramática Básica del Español*, Sgel, Madrid.

SECO, R. (1982): *Manual de gramática española*, Aguilar, Madrid.

SECO, M. (1973): *Diccionario de dudas y dificultades de la lengua española*, Aguilar, Madrid.

SUAZO, G. (1991): *Ortografía práctica*, Edaf, Madrid.

INFORMACIÓN BIBLIOGRÁFICA

EDAF

EDITORIAL EDAF, S. A.

Jorge Juan, 30, 1ª planta
Tel. 435 82 60 - Fax 431 52 81
28001 Madrid

Deseo recibir, sin compromiso, información bibliográfica de los siguientes temas:
(Indicar con una X)

- [ ] CLÁSICOS,
  LITERATURA-ENSAYO

- [ ] LIBROS PRÁCTICOS
  Y DE CONSULTA

- [ ] AUTOAPRENDIZAJE

- [ ] HISTORIA, BIOGRAFÍAS,
  NOVELA HISTÓRICA

- [ ] MÚSICA

- [ ] LIBROS REGALO

- [ ] NUEVA ERA

- [ ] NUEVOS TEMAS

- [ ] CIENCIAS OCULTAS,
  ESOTERISMO

- [ ] NATURISMO Y SALUD

- [ ] SUPERACIÓN PERSONAL
  Y AUTOAYUDA

- [ ] INFANTILES

REMITENTE:

Nombre: ....

Dirección: ....

Población: .... D. P.: .... Provincia: ....